THE SECRET OF CONTENTMENT

만족의 비결

윌리엄 B. 버클레이 지음
강성택 옮김

개혁주의신학사

Presbyterian and Reformed Publishing

P&R(Presbyterian and Reformed Publishing Company)은
미국 뉴저지 주에 소재한 기독교 출판사로서
웨스트민스터 신앙고백서와 요리문답에 기초하여
성경적인 이해와 경건한 삶을 증진시키는
탁월한 도서들을 출판하고 있습니다.
P&R Korea(개혁주의신학사)는
P&R과 CLC가 공동으로 운영하는 출판사로서
P&R의 도서를 우선적으로 번역출판하고 있습니다.

The Secret of Contentment

by

William. B. Barcley

translated by

Sung Taek Kang

Copyright © 2010 by William. B. Barcley
Originally published in English under the title as
The Secret of Contentment
by William. B. Barcley
Translated and used by the permission of
P&R Publishing Company, P. O. Box 817
Phillipsburg, New Jersey 08865-0817.

All rights reserved.

Korean Edition
Copyright © 2012 by Presbyterian and Reformed Publishing Company
Seoul, Korea

목차

머리말_ 6
서론_ 10

1부_ 만족 누리기
1. 그리스도인의 만족의 특징_ 19
2. 그리스도인의 만족의 필요성_ 41
3. 투덜거리며 불만족하는 마음의 위험_ 57

2부_ 만족의 비결
4. 불만족하는 상황에서의 그리스도인의 만족_ 79
5. 고난 가운데서 만족 찾기_ 93
6. 만족의 공식_ 117
7. 하늘을 사모하는 만족_ 133
8. 하나님을 기뻐함으로 누리는 만족_ 151
9. 그리스도의 형상을 닮아가는 만족_ 175

결론: 만족하는 경건의 부유함_ 195

머리말

나는 내가 만족에 관하여 깨달았다고 생각하거나, 나 스스로를 세상에서 가장 만족스러운 사람으로 생각하기 때문에 만족에 관한 책을 쓰는 것이 아니다. 오히려 나 스스로 종종 불만에 빠지는 것 때문에, 만족에 관하여 연구하고 책을 쓰게 되었다. 나 자신이야 말로 본서에서 소개하는 교훈들을 읽고 또 읽어야 하며 끊임없이 삶에 적용해야 할 사람이다. 목회자는 다른 사람들이 짓는 죄에 관하여서만 설교하는 위험에 쉽게 빠질 수 있다. 그러나 우리에게 가장 유익한 설교는 청중뿐만 아니라, 목회자 자신에게도 행해지는 설교이다. 따라서 본서는 먼저 불만족하는 나 자신에게 초점을 맞춘 것이며 또한 적어도 만족을 위해 노력하는 나의 모습을 독자들과 나누는 것이기도 하다.

나는 최근 나 자신의 불만족에 관한 씁쓸한 깨달음을 얻는 동시에 만족이 거룩함을 위하여 얼마나 필요한지 보게 되었다. 히브리서는 우리에게 "거룩함을 따르라 이것이 없이는 아무도 주를 보지 못하리라"(히 12:14)고 말한다. 그러나 만족이 없는 곳에는 거룩함도 없다. 만족하지 못하는 영혼은 하나님의 전능하신 주권 안에서 쉼을 얻지 못하기 때문이다. 만족하지 못하는 영혼은 세상의 것들을 더 많이 갈망하게 된다. 성경은 이러한 모습을 "탐욕스럽다"고 표현한다. 탐욕은 우리로 하여금 다른 죄들의 주인 노릇을 하게 한다. 그러므로 만약 우리가 거룩함을 이루려고 한다면 우리는 만족을 추구해야 할 것이다.

본서에서 나는 다른 사람들의 통찰력을 빌려왔는데, 특별히 청교도 작가인 제러마이어 버로스(Jeremiah Burroughs)의 『만족: 그리스도인의 귀한 보물』(*The Rare of Jewel of Christian Contentment*)[1] 과 토마스 왓슨(Thomas Watson)의 『거룩한 만족의 신비』(*The Art of Divine Contentment*)[2] 에서 많은 도움을 받았다. 어떤 면에서 본서의 목적은 버로스와 왓슨과 같은 "영혼의 의사"들의 지혜를 가져오는 것이고, 그들의 지혜를 현대의 언어로 바꾸어 우리의 상황에 적용하는 것이다. 이와 동시에 버로스와 왓슨의 통찰력을 빌립보 교회에 편지한 바울의 기쁨의 서신과 연결시키는 작업을 시도하는 것이다. 어느 정도 버로스와 왓슨의 연구에서 벗어나기는 하겠지만 그리 큰 차이는 없을 것이다.

나는 본서가 출판되기까지 많은 수고를 아끼지 않은 P&R 출판

---

[1] 제러마이어 버로스, 『만족: 그리스도인의 귀한 보물』(*The Rare Jewel of Christian Contentment*), 장호익 역(서울: 생명의말씀사, 2010).

[2] 토마스 왓슨, 『거룩한 만족의 신비』(*The Art of Divine Contentment*), (1653; repr., Glasgow: Free Presbyterian Publications, 2001).

사의 노고와 그 노고의 결실을 끝까지 기다려준 그들의 인내에 감사를 드린다. 본서가 나오기까지는 오랜 시간이 걸렸는데, 처음 P&R을 통해 만났고 내가 본서를 쓰던 초반에 큰 격려를 아끼지 않았던 앨런 피셔(Allan Fisher, 지금은 Crossway Books에서 근무한다)에게도 감사의 말을 전한다. 마빈 파제트(Marvin Padgett)는 본서를 수정하는 과정에서 아주 중요한 역할을 했는데, 학문적인 차원이 아니라 목회적인 차원으로 접근을 할 수 있는 책이 되도록 도와주었다. 또한 마지막 편집이 이루어지는 동안 나에게 많은 도움을 준 아론 고디어(Aaron Gottier)에게도 감사를 드린다.

내가 쓴 글들을 다 읽고 중요한 피드백을 해준 두 사람에게도 감사를 드리고 싶다. 먼저 나의 친구이자 목회 멘토인 찰스 윙가드 박사(Dr. Charles Wingard, 알라바마 주의 헌츠빌에 소재한 웨스트민스터 장로교회의 원로목사)에게 감사하며, 나의 아내 크리스티(Kristy)에게 감사한다. 또한 교회 사역 외에 책을 쓸 수 있도록 배려해준 소버린 그레이스 장로교회(Sovereign Grace Presbyterian Church, 노스캐롤라이나주 샬롯 소재)의 성도들과 당회에도 감사를 드린다. 그들이 준 연구 휴가 덕분에 나는 사역에서 벗어나 책을 쓰는 데 집중할 수 있었다.

마지막으로 나의 여섯 자녀, 레오(Leo), 안나(Anna), 루크(Luke), 메기(Maggie), 케이트(Kate), 윌(Will)에게도 고마움을 전한다. 바쁜 사역 일정으로 오랫동안 집을 떠나 있을 때에도 나를 이해해 주고 기다려준 아이들이다. 또한 집안 일로 인해 내가 방해받지 않도록 해주었으며, 글을 쓰는 동안에도 내가 자유롭게 글을 쓸 수 있도록 배려해 주었다.

"가지 많은 나무에 바람 잘 날 없다"고 했던가? 하나의 문제를 해결하면 또 다른 문제가 생기기 마련이라 혼란스러움 가운데 많은 날들을 지내온 것 같다. 하지만 나는 그 어떤 것과도 나의 지난 시간들을 바꾸지 않을 것이다. 인생의 많은 역경 가운데에서도 아이들은 나에게 큰 기쁨과 평안을 주었다. 우리 가족은 지난 10년 동안 모두에게 힘든 두 번의 이사를 해야 했다. 아이들은 친구들과 학교를 떠나 미지의 곳으로 가는 것을 꺼려하지 않았다. 하나님 아버지를 신뢰하는 아이들의 마음과 새로운 환경에 적응하는 능력은 (심지어 변화 가운데 번성하는 능력) 나에게 많은 것을 가르쳐 주었다. 우리 아이들의 깨끗한 영혼과 조건 없는 사랑은 나를 온유하고 행복하게 만들었다. 또한 일상의 스트레스와 어수선함 가운데 나에게 만족에 관하여 많은 것을 가르쳐 주었다. 그래서 나는 본서를 우리 아이들에게 바친다.

 # 서론

몇 해 전 인생의 어두운 시간을 보내면서 나는 "만족"에 관하여 연구하기 시작했다. 새로운 사역지로 옮기면서 온 가족이 이사를 해야 했다. 물론 지금 이곳은 내가 그토록 바라고 꿈꿔 오던 곳이지만, 당시에는 이사를 하지 않아도 되는 다른 사역지에도 지원을 한 상태였다. 내 마음은 어느 정도 이사할 필요가 없는 사역지로 정해지고 있었다. 하지만 그곳은 나에게 허락되지 않았고, 이 때문이어서 그랬는지 나는 한동안 분노와 열등감과 불만으로 가득하게 되었다.

 나는 곧 새로운 도시의 한 구성원이 되어 하나님의 주권에 몸부림쳤다. 새로운 사역지에도, 하나님과 나를 위한 그분의 계획에도 아무런 기쁨이 없다는 것을 느꼈다. 분노와 실망은 밤마다 나를 괴롭혔고 온 가족이 이사까지 하면서 시작한 새로운 일은 나를 힘들게 했다. 1년 동안 그곳에서 내가 한 일은 아주 미미한 것들이었으며 나의 업무능력은 매우 서툴렀다.

나의 불만은 가족들에게도 나쁜 영향을 주었다. 불만이 가득 한 채 집안 곳곳을 다니며 가족들을 돌아보지 않았다. 누군가 나를 방해하기라도 한다면 쉽게 화를 내며 고함을 질렀다. 유감스럽게도 나는 다른 사람들마저 불행하게 만들었고, 나 자신에게만 집착한 나머지 애정 없는 남편과 아버지가 되었다.

분노, 어느 정도의 우울함, 기쁨 없음, 가득 찬 이기심 그리고 사랑할 수 없음과 같은 외적인 증상들을 발견하는 것은 그리 어렵지 않다. 그리고 이러한 증상들을 중요한 문제로 여기는 것 또한 어려운 일이 아니다. 그러나 이 모든 증상들이 불만족이라는 죄에 뿌리를 두고 있다는 것을 깨닫는 것은 결코 쉽지 않다. 나는 하나님의 주권 아래에 있지 않았으며 하나님과 그분의 뜻 안에서 기뻐하지 않았다. 스스로 인생의 주인이 되어 나 스스로에게 집착하며 분노 가운데 뒹굴었다. 하나님은 그가 보시기에 적합한 곳에서 나를 사용하시는 분이며 나의 인생에서 무엇이 최선인지를 아시는 분이다. 그런데 나는 이렇게 목적과 계획이 완전하신 하나님께 순종하기를 싫어했다.

나는 불만족이 무엇인지 안다. 불만족은 매우 큰 죄다. 분명히 나의 불만족은 더 나은 곳으로 가라고 항상 나를 부추겼다. 백년도 훨씬 전에 라일(J. C. Ryle)은 이렇게 기록했다.

"세상에서 찾아보기 어려운 두 가지는 젊은이의 겸손과 노인의 만족이라는 말은 무서울 정도로 매우 정확하다."[1]

약 400년 전에 청교도 목사인 버로스는 그리스도인의 만족이라는 "귀한 보석"(rare jewel)에 대한 책을 썼다. 만약 버로스와 라일의 시대에 "만족"이 귀한 것이었다면 오늘날 "만족"이 귀하다는 사실은 얼마나 더 분명하겠는가?

그레그 이스터브룩(Gregg Easterbrook)은 『진보의 역설: 우리는 더 잘살게 되었는 데도 왜 행복하지 않은가』(*The Progress Paradox: How Life Gets Better While People Feel Worse*)[2]라는 자신의 책에서 지난 몇 십 년 동안 서구는 눈부시게 발전하였지만, 서구인은 만족이 없는 시대를 살아가며 그들의 행복과 만족지수는 오히려 줄어들었다는 것을 보여 준다.

현시대는 걷잡을 수 없는 속도로 빠르게 변하고 있다. 우리는 직업과 집을 바꾸고 심지어 오랫동안 살아온 도시 마저도 바꾼다. 통계와 연구자료에 의하면 결혼생활에서도 상대배우자가 자주 바뀐다는 것을 알 수 있다. 현재의 결혼생활에 만족하지 못하면 우리는 다른 사람과 다시 결혼을 한다. 만족하지 못함으로 이렇게 무엇인가를 빈번하게 바꾸는 것은 우리 마음이 스스로를 정죄하기 위하여 유혹당하는 것이다. 이러한 모든 문제의 원인은 죄악으로 가득한 만족하지 않는 마음이라는 것이 너무나 분명하다.

죄악으로 가득한 우리의 마음뿐만 아니라 세상은 우리 안에 불

---

[1] J. C. 라일 *Thoughts for Young Men* (Calvary Press, 1996), 23.
[2] 그레그 이스터브룩, 『진보의 역설: 우리는 더 잘살게 되었는 데도 왜 행복하지 않은가』(*The Progress Paradox: How Life Gets Better While People Feel Worse*), 박정숙 역(서울: 에코리브르, 2007).

만족을 일으킨다. 세상은 우리가 "이런저런 제품들을 갖고 있지 않다면 당신은 불완전하게 되거나 불만족하게 된다고 스스로에게 말하라"는 광고들을 퍼붓는다. 요즘 세상은 홈쇼핑과 이베이(eBay) 그리고 화려하게 잘 만들어진 방송과 우리의 마음을 빼앗기 위해 등장하는 제품들로 넘쳐난다. 현대 기술의 발달이 그 자체로 나쁜 것은 아니다. 비록 나는 그리스도인들이 홈쇼핑 방송을 보지 않는 것이 더 낫다고 생각하지만, 물론 긍정적인 방향으로도 영향을 미칠 수 있을 것이다. 하지만 현대 기술의 문제는 이미 불만족으로 가득하여 우상을 만드는 공장과도 같은(칼빈의 표현에 따르면) 죄악된 마음을 유혹한다는 데에 있다.

본서는 불만족이 자리 잡고 있는 마음의 문제에 관하여 말할 것이다.

최근 들어 그리스도인의 만족이라는 주제를 다루는 책을 찾아보기가 어렵다. 존 파이퍼(John Piper)의 『하나님을 기뻐하라』(Desiring God)[3]는 비록 명확하게 "만족"에 관하여 말해주지는 않지만, 이 주제에 대해서 목소리를 내고 있는 것은 분명하다. 이제 존 파이퍼의 유명한 메시지가 된 "하나님을 기뻐하는 것이 하나님을 가장 영화롭게 하는 것이다"[4]라는 말은 우리가 깊이 생각해야 할 성경의 진리이다. 현대 기독교 작가들과는 달리 이전의 청교도 작가들은 만족에 관하여 말하고 쓰는 것을 좋아했다. 청교도가 쓴

---

[3] 존 파이퍼, 『하나님을 기뻐하라』(Desiring God), 박대영 역(서울: 생명의말씀사, 2009).

[4] 존 파이퍼, "We Want You to Be a Christian Hedonist!", Desiring God, August 31, 2006, http://www.desiringgod.org/resource-library/resources/we-wnat-you-to-be-a-christian-hedonist.

만족에 관한 두 고전이 있는데, 첫 번째 책은 제러마이어 버로스의 『만족: 그리스도인의 귀한 보물』이고, 두 번째 책은 토마스 왓슨의 『거룩한 만족의 신비』이다.

나는 지금 본서를 통하여 "만족"에 관한 어떤 독창적인 생각을 말하려는 것이 아니다. 오히려 주제 넘게도 나의 만족에 관한 견해는 이 두 걸작으로부터 빌려온 것이다. 심지어 『만족의 비결』(The Secret of Contentment)이라는 제목도 버로스 작품의 핵심을 연구하다 생각하게 된 것이다. 『만족의 비결』이라는 제목은 빌립보서 4:11-12에서 바울이 배웠다는 만족하는 "비결"이라는 표현에 근거한 것이다. 만족은 학습되어져야 한다. 하지만 우리가 추구해야 하는 만족의 방법론은 우리가 갖는 본질적인 생각과 대조적이다. 버로스는 이렇게 말했다.

"하나님을 아는 지식으로 만족하도록 우리를 초대하라. 그리고 아버지의 보호하심과 그분의 주권적인 선하심 안에서 기뻐하도록 우리를 초대하라."

본서는 단지 버로스의 중요한 견해들을 숙고하고 그 의미들을 오늘날에 맞도록 현대화한 것에 불과하다.

또한 본서는 크리스 런드가드(Kris Lundgaard)의 『내부의 적』(The Enemy Within)의 영향을 받았다. 런드가드는 자신의 책에서 현대 독자들이 청교도 신학자 존 오웬(John Owen)의 글을 쉽게 접할 수 있도록 마련하였다. 런드가드가 제시하는 견해와 적용에 대한 통찰은 매우 귀중하다. 그는 교회를 위해 아주 중요한 일을 했다.

버로스와 왓슨의 책은 오웬의 책만큼 어렵지 않으므로 모든 사람에게 추천하고 싶다. 동시에 현재 자신의 불만족과 씨름을 하고 있는 사람들에게 나의 책이 도움이 되기를 바라는 마음이다.

사역지를 옮기면서 다른 도시로 이사를 간 우리 가족의 이야기는 그 이사가 우리 인생에 있어서 가장 큰 이동이었다는 것으로 결론 내려졌다. 이전에 사역하던 곳과 동료들 그리고 살던 곳을 우리 가족은 좋아했다. 이것은 만족의 이유가 되었고, 나에게 큰 기쁨을 가져다주었다. 하지만 이제 나는 더 이상 그곳에서 일하지 않는다. 하나님은 당신의 섭리 안에서 나를 새로운 곳으로 옮기셨다. 지난 일을 통해서 나는 어느 정도 더 많이 배우고 성숙해졌는데, 이 모든 것은 후에 나의 사역을 위해 아주 가치 있는 경험들이 되었다. 비록 처음에는 실망하고 불만족했지만, 나를 되돌아볼 수 있게 되었고 지금 하고 있는 일 가운데서도 하나님의 주권을 경험하게 되었다. 정말 감사한 일이다.

이제는 나를 무릎 꿇게 하고 만족에 대해 갈망하게 했던 인생의 어두운 시간들이 하나님의 신실한 모든 사람들에게 좋은 열매를 맺고, 우리 모두가 하나님의 선하심을 온 세상에 드러낼 수 있게 되기를 기도한다.

오직 하나님께 영광을!

생각해 볼 문제들

1. 바쁜 일상 가운데 당신은 어떤 상황에서 하나님의 섭리를 느낍니까? 기쁨이 없는 불만족으로 당신을 빠지게 한 일은

어떤 것들이 있습니까?

2. 당신의 인생에서 가장 만족스러웠던 적은 언제였습니까? 그리고 가장 좌절하였던 적은 언제였습니까?

3. 하나님의 간섭하심을 힘든 상황이 지나간 후에 깨닫기 보다는 그 힘든 상황 가운데서 하나님의 주권적으로 간섭하심을 경험하고 기뻐한 적이 있습니까?

4. 불만족하고 부패한 마음을 계속 자라나게 하는 현대인의 삶의 모습은 어떻습니까? 또한 그러한 모습들을 피할 수 있는 방법에는 어떤 것들이 있습니까?

5. 직장을 옮기거나 환경을 바꾸는 이유가 모두 불만족 때문이라고 말할 수 있습니까? 만약 아니라면 만족하지 못하며 계속 새로운 것만을 원하는 욕심과 하나님의 뜻을 따르는 참된 순종을 당신은 어떻게 구별합니까?

1부

만족 누리기

THE SECRET OF CONTENTMENT

1장

그리스도인의
만족의 특징

누군가 넬슨 록펠러(Nelson Rockefeller)에게 "얼마나 많은 돈이 있어야 사람들은 행복할 수 있을까요?"라고 질문하자 그는 이렇게 대답했다. "조금만 더 있으면요." 이 솔직한 답변은 우리에게 인간의 영혼에 대한 통찰력을 제공한다. 우리는 항상 "조금만 더 있으면 행복할 텐데…"라는 생각을 하며 살아간다(사실은 훨씬 더 많이 필요하다고 생각하면서 말이다).

인간은 항상 자신들이 가질 수 없는 것을 원하는 것처럼 보인다. 직업이나 가정, 재능 그리고 종종 배우자에게서까지 우리가 가질 수 없는 것을 원한다는 것을 알 수 있다. 자신에게 완전한 만족을 주는 직업을 결코 찾지 못했다고 생각하며, 이상적인 직업은 항상 우리의 능력 밖에 있는 것처럼 보인다. 현재 사는 집은 결코 충분히 넓지 않거나 좋은 위치에 있지 않다고 생각한다. 언제나 우리가 원하는 완전한 것을 가질 수 없는 것처럼 보인다. 우리는 우리가 가진 많은 재능들을 알고 가끔씩은 그것들을 자랑하기도 한다. 그러나 다른 사람들의 능력을 바라보면서 또 끊임없는 부러움을 쏟아낸다. 오늘날의 이혼율은 사람들이 결혼생활에서도 항상 새로운 무언가를 찾고 있다는 것을 보여 준다.

이처럼 높은 이혼율은 우리에게 만약 좋은 직업, 집, 재능, 배우자가 있다면 행복하고 만족할 것이라고 생각하는 사실이 빚어낸 최악의 결과이다. 그러나 일반적으로 잘 알려진 격언들은, 우리가 원하는 것들은 우리의 능력 밖에 있으니 그냥 만족하라고 말한다. 삶의 환경에 근거하여 행복을 찾는 것은 우리의 영혼으로 하여금 쉼을 얻지 못하게 하며 만족을 누리지 못하게 한다. 이제 인생은 무언가 특별한 것을 끊임없이 찾거나, 이 세상이 제공하는 것을 더 갖길 원하는 것이 아니라고 생각하는 이의 말을 들어 보자.

> 내가 주 안에서 크게 기뻐함은 너희가 나를 생각하던 것이 이제 다시 싹이 남이니 너희가 또한 이를 위하여 생각은 하였으나 기회가 없었느니라 내가 궁핍하므로 말하는 것이 아니니라 어떠한 형편에든지 나는 자족하기를 배웠노니 나는 비천에 처할 줄도 알고 풍부에 처할 줄도 알아 모든 일 곧 배부름과 배고픔과 풍부와 궁핍에도 처할 줄 아는 일체의 비결을 배웠노라 내게 능력 주시는 자 안에서 내가 모든 것을 할 수 있느니라(빌 4:10-13).

이 사람은 바로 다름 아닌 사도 바울이다. 그는 어떤 상황에 있든지 아니 모든 상황에서 만족하기를 배웠다고 증언한다. 그는 자신에게 행복을 가져다줄 수 있을 것이라고 생각되는 좋은 상황들을 찾아다니지 않았다. 바울은 자신이 어디에 있든지 만족하였다.

빌립보 교인들을 향한 바울의 편지는 그리스도인의 만족의 진수가 무엇인지 보여 준다. 위에서 인용한 만족에 관한 전통적인 본문 외에도 빌립보서 전체는 만족에 관한 본문으로 가득하다. 바울은 자신의 편지에서 열여섯 번이나 명사형으로 "**기쁨**"을 사용하거나 동사형으로 "**기뻐하라**"라는 표현을 사용한다. 일반적으로 성경에 나타나는 기쁨은 비록 우리가 어디에 있든지 하나님의 주권 안에 있다는 깨달음으로 인해 기뻐하는 상태를 말한다. 기쁨은 단순히 표면적이거나 일시적인 기쁨이 아니라 이보다 훨씬 깊은 차원의 것이다. 기뻐하는 마음은 하나님의 전능하신 능력과 선하신 섭리를 인정하고 그 안에서 기뻐하는 마음이기 때문에, 곧 만족하는 마음이다.

바울은 감옥에서 빌립보서를 기록하였다. 그는 자신의 감옥생활이 석방으로 끝날 것인지 죽음으로 끝날 것인지에 대하여 많은 생각을 하였다(빌 1:19-26). 그는 감옥에 매여 있을 때 자신의 상황을 더욱 힘들게 하는 사람들을 알고 있었다(빌 1:15-17). 그러나 바울은 그런 자신의 환경에도 불구하고 기뻐하였고 빌립보 교인들에게 기뻐하라고 권면하였다. 이것이 바로 만족이다!

만약 우리가 만족을 배우기 원한다면 빌립보서를 묵상하는 것이 좋은 출발점이 될 것이다. 빌립보서는 현재 우리의 논의보다 훨씬 더 많은 것에 초점을 맞추고 있다. 단지 우리는 빌립보서로부터 원망하며 투덜거리는 위험들과 불만족하는 영혼과 다른 고난들 가운데서 어떻게 만족을 누릴 수 있을지에 관하여 배울 것이다. 이제 우리는 바울이 그리스도인의 만족의 성격에 대하여 말하고 있는 전통적인 성경본문 빌립보서 4:11-13을 살펴봄으로써 이야기할 것이다.

이 본문은 우리에게 그리스도인의 만족의 몇 가지 특징들을 가르쳐준다.

1. 당신은 만족을 누릴 수 있다

빌립보서 4:11-13을 통해 우리가 배울 수 있는 첫 번째 교훈은 만족은 누릴 수 있다는 것이다. 바울이 만족을 누렸기 때문에 우리도 만족을 누릴 수 있다는 것을 안다. 하지만 당신은 이런 말을 하고 싶을 것이다.

"글쎄, 바울은 사도였고 나보다 훨씬 영적인 사람이었기 때문에 만족을 누릴 수 있었겠지만 나는 안돼!"

그러나 바울이 만족을 누릴 수 있었던 이유는 그가 영적 거장이었기 때문이 아니다. 바울은 이렇게 말한다.

내게 능력 주시는 자 안에서 내가 모든 것을 할 수 있느니라(빌 4:13).

동일하신 하나님, 곧 바울에게 능력을 주시는 하나님은 그리스도를 믿는 모든 자들에게 능력 주시는 하나님이시다.

사람들은 자주 빌립보서 4:13을 문맥에서 벗어나 원래 의도하지 않은 의미로 이해하고 적용한다. 어떤 사람들은 하나님은 믿는 자들에게 능력을 주시는 분이기 때문에 그리스도인에게는 능치 못할 일이 없다는 의미로 이 구절을 이해한다. 그래서 거의 자기 도전을 위한 동기 구호로 사용하고, 온 힘을 다해 이 구절을 되뇌며 이렇게 말한다.

"하나님은 내게 능력을 주시는 분이기 때문에 나는 뭐든 할 수 있어!"

하지만 지금 바울이 말하는 것은 하나님이 자신이 원하는 것 또는 무엇이든지 할 수 있는 능력을 주신다는 것이 아니다. 여기서 우리는 바울이 "모든 것"을 말하고 있다는 것을 주목해 볼 필요가 있다. 바울은 그리스도인의 덕목 가운데 중요한 것을 획득하기 위하여 자기 백성에게 주시는 하나님의 능력을 말하지 않고 오히려 하나님이 그들을 어디로 인도하시든지 상관없이 만족하게 된다는 것을 말하고 있다. 궁극적으로 우리는 우리 안에서 역사하시는 하나님의 성령을 통하여 하나님의 능력으로 자라지만, 인간의 측에서 우리의 노력과 수고가 수반되어져야 거룩함 가운데서 신앙의 성숙을 가질 수 있다는 것이다.

부패하고 불만족하는 마음 안에서 만족이 풍성해지는 것은 불가능한 일이다. 그러나 비록 타락한 인간은 할 수 없지만, 하나님은 하실 수 있고 또 하실 것이 분명하다. 게다가 하나님은 우리 안에서 일하실 것과 자신과 같은 형상으로 변화하여 "영광에서 영광에 이를"(고후 3:18) 것이라고 약속하셨다. 바울이 자신의 삶에서 그렇게 했듯이 하나님은 거룩하신 사역을 이루고 계시기 때문에 우리의 삶도 하나님께서 풍성하게 하신다는 확신을 가지고 만족을 추구할 수 있다.

복음은 "현재의 역경 가운데에서도 당신은 만족을 누릴 수 있습니다"라고 말한다. 만약 병으로 고통당하고 있다면, 직장에서 어려움을 겪고 있다면, 가정문제로 슬퍼하고 있다면, 하나님이 당신에게 주시는 은혜만큼 당신은 만족을 누릴 수 있을 것이다.

2. 당신은 만족을 배워야 한다

빌립보서 4:11-13에서 바울은 특별히 두 번이나 만족하기를 "배웠다"라고 말한다. 헬라어 성경에서는 바울이 "배웠다"라는 것을 표현하기 위해 서로 다른 두 단어를 사용한다. 첫 번째 단어는 신약성경에서 무엇인가를 배웠다는 것을 말할 때 사용하는 일반적인 동사이다. 두 번째 단어는 12절에 기록된 것으로, 보다 덜 일반적이고 신약성경에서는 유일하게 이곳에서만 사용된 동사이다(헬라작가들은 성경이 아닌 다른 곳에서 이 단어를 사용한다).

바울이 "배움"에 관하여 말하는 12절은 일반적으로 "나는 비결을 배웠노라"고 번역된다. 이 동사는 "비밀"이라는 헬라어 명사의 동사 형태인데, 헬라어에서는 "신비스러운 종교" 또는 다양한 예식에 의해 신비스러운 종교에 "전수되어지다"라는 의미를 가진다.

바울은 이 동사를 사용해서 만족은 자연스럽게 이루어지지 않는다는 것을 보여 준다. 만족은 학습되어져야할 뿐만 아니라, 만족을 배우는 것은 우리의 부패한 일반적인 사고방식과는 대조적이라는 것이다. 그리스도인은 세상이 만족을 추구하는 방식으로 만족을 추구할 수 없다. 또한 우리가 하고 싶은 대로 하는 자연스러운 방식으로는 만족을 추구할 수도 없다.

이렇게 성경적인 만족을 추구하는 것을 두고 버로스는 "만족의 비결"이라고 말한다. "만족의 비결"은 그리스도인들이 헬라의 신비스러운 종교와 같이 비밀스러운 시도를 하라는 의미가 아니라, 오히려 그리스도인의 만족을 의미하는 것이다. 또한 이 세상의 사고방식뿐만 아니라 심지어 그리스도인들의 마음과 생각에까지 계속해서 영향을 미치는 오래되고 죄악 된 본성의 생각에 길들여지지 않은 채 우리가 어떻게 이러한 만족을 추구할 것인지에 대해서 말하는 것이다.

예를 들면, 세상은 열악한 상황 가운데 우리가 필요한 것을 성취함으로써 만족할 수 있다고 말하지만 성경은 최악의 상황 가운데서도 만족해야 한다고 우리에게 가르친다. 세상은 우리가 원하는 것을 이 세상에서 가짐으로써 만족을 누릴 수 있다고 말하지만, 성경은 하나님을 기뻐하는 것과 하늘을 사모함으로써 진정한 만족을 누릴 수 있다고 말한다. 이러한 의미에서 참으로 만족하는 그리스도인은 하나님으로 채워지기를 소망하면서 이 세상의 삶으로는 항상 불만족하는 사람이다. 우리는 다음 장에서 이 문제에 관하여 더 깊은 논의를 할 것이다.

그러나 여기서 중요하게 생각해야 할 것은 우리가 만족을 누리는 가운데 일을 해야 한다는 것이며, 그것이 어떻게 가능한지 만족에 관하여 배우고 연구해야 한다. 그리고 특별히 우리의 생각을 새롭게 할 필요가 있다. 우리의 방법이 아니라 하나님이 만족하시는 방법이야 말로 진정한 만족을 위한 유일한 길이다. 나는 앞서 하나님이 한 가지 길을 막으시고 새로운 길을 열어주셔서 우리 가족의 대이동을 하던 때 내 자신의 불만족에 관하여 언급하였다. 그런데 최근에 이러한 일이 다시 벌어졌다. 하나님이 우리 가족을 새로운 사역지로 옮기시는 과정에서, 이사를 하지 않고 같은 곳에 계속 머물 수 있는 길을 닫으셨던 것이다. 그리고 새로운 도시로 이사를 가야 하는 또 다른 길은 열어주셨다. 사실, 세부적인 것은 말할 필요도 없이, 새롭게 이사를 한 상황은 섬뜩하게도 이전의 상황과 너무 비슷했다. 하지만 이번에 하나님은 당신의 은혜로 그의 섭리 가운데서 내가 기뻐하도록 하셨다.

나의 말을 오해하지 말기 바란다. 내가 그 상황에서 기뻐했다는 것은 내가 이제는 완벽함을 말하는 것이 아니다. 직장 구하는 것에 실패하는 것은 결코 유쾌한 일이 아니다. 최근 구직에 실패한 한 친구가 나에게 이런 말을 했다.

> "면접관들에게 '당신들은 지금 얼마나 유능한 사람을 놓쳤는지 모를 것입니다'라고 말해주고 싶었지만, 사실 그들은 내가 얼마나 무능력한지도 모르게 되었어."

우리에겐 때때로 끊어버릴 수 없는 분노와 깊은 고통이 있지만 한편으로는 마음을 가득 채우는 기쁨과 만족도 있다. 이러한 기쁨과 만족은 오직 하나님의 은혜로부터 오며, 불만족하던 자신의 지난날의 죄를 회개함으로써 오고, 만족과 하나님의 전능하신 주권에 대하여 연구하고 묵상하는 시간으로부터 온다. 고난에 대한 인간의 자연스러운 반응은 만족이 아니지만, 우리는 만족을 배울 수 있고 또 배워야 한다.

3. 당신의 삶에서 맞이하는 모든 상황 가운데 만족하기를 배우기 전까지 당신은 참된 만족을 누릴 수 없다

바울이 자신의 만족에 관하여 말하는 것을 다시 한 번 살펴보자.

> 내가 궁핍하므로 말하는 것이 아니라 어떠한 형편에든지 나는 자족하기를 배웠노니 나는 비천에 처할 줄도 알고 풍부에 처할 줄도 알아 모든 일 곧 배부름과 배고픔과 풍부와 궁핍에도 처할 줄 아는 일체의 비결을 배웠노라(빌 4:11-12).

바울은 자신의 삶에서 일어날 수 있는 모든 상황에서 만족을 배워왔다. 그래서 궁핍함과 풍부함을 포함하는 모든 상황에서 만족할 수 있게 되었다. 마찬가지로 어떤 상황에서는 만족하고 어떤 상황에서는 만족하지 않는다면 우리는 만족을 배울 수 없게 될 것이다. 진정으로 만족하는 그리스도인은 삶 속에서 맞이하는 모든 상황 가운데 만족할 줄 아는 사람이다.

바울은 먼저 자신이 부요함과 풍부함에 있을 때에 만족했다고 말한다. 우리는 고난이 없을 때 만족하기가 쉽다고 생각할 것이다. 그러나 사실은 그렇지 않다. 모든 것이 부요하고 순조로운 상황과 엄청난 축복 가운데 있어도, 우리는 종종 영적으로 자기만족에 빠질 때가 많기 때문이다. 우리는 쉽게 하나님을 잊어버리고, 결코 우리를 만족시킬 수 없는 세상의 것들을 추구하려 한다. 우리의 삶이 순탄할 때든지, 하나님이 우리에게 물질적인 부요함과 건강의 복들을 주실 때든지 항상 불경건한 불만족을 경계해야 한다.

또한 우리는 궁핍할 때에도 만족하는 것을 배워야 한다. 만족하는 그리스도인은 고난의 필요성과 중요성을 알고 있다. 바울은 고난에 대하여 너무 잘 알고 있다. 기억해야 할 것은, 바울이 빌립보서를 쓸 때, 그는 죄수의 몸으로 감옥에 있었다는 것이다. 고린도 교인들에게 하는 바울의 말을 들어 보자.

> 오직 모든 일에 하나님의 일꾼으로 자천하여 많이 견디는 것과 환난과 궁핍과 고난과 매 맞음과 갇힘과 난동과 수고로움과 자지 못함과 먹지 못함 가운데서도…영광과 욕됨으로 그러했으며 악한 이름과 아름다운 이름으로 그러했느니라 우리는 속이는 자 같으나 참되고 무명한 자 같으나 유명한 자요 죽은 자 같으나 보라 우리가 살아 있고 징계를 받는 자 같으나 죽임을 당하지 아니하고 근심하는 자 같으나 항상 기뻐하고 가난한자 같으나 많은 사람을 부요하게 하고 아무것도 없는 자 같으나 모든 것을 가진 자로다 (고후 6:4-5, 8-10).

우리가 정말로 슬픔에 빠졌을 때조차도 기쁘다고 말할 수 있을까? 우리가 가난하게 되었을 때도, 부유하게 되었을 때도, 심지어 가진 것이 아무것도 없을 때라도 정말로 우리는 여전히 모든 것을 가졌다고 말할 수 있을까?

고난은 다가올 것이다. 타락한 세상에 사는 모든 사람들에게 이 말은 분명하다. 그러나 그리스도인들은 특별히 박해나 자기부인 등과 같이 그리스도를 따르는 사람들에게 발생하는 추가적인 고난들을 맞이하게 될 것이라는 사실을 기억해야 한다. 그리스도는 자기 백성을 고난을 받도록 부르셨다. 버로스는 이렇게 기록한다.

> "그리스도는 십자가를 너의 십자가로 알라고 말씀하지 않으시고 너의 십자가를 날마다 지라고 말씀하셨다."[1]

바울은 디모데에게 교훈하기를 "무릇 그리스도 예수 안에서 경건하게 살고자 하는 자는 박해를 받으리라"(딤후 3:12)고 한다. 고난이 필연적이라는 것을 이해하는 것은 우리로 하여금 그 고난 가운데서 어느 정도 만족할 수 있도록 한다. 그러나 고난에는 우리의 삶 가운데 하나님이 정하신 고난과 그리스도가 높임을 받으시는 고난이 있다. 하나님은 우리를 정결케 하시기 위하여 고난을 사용하셔서 우리를 거룩하게 하신다(롬 5:3-5; 히 12:4-12). 그러나 우리가 그 고난을 어느 정도의 만족으로 맞이할 때에만, 고난이 우리를 정결케 하는 방법이 된다. 고난을 하나님의 손으로부터 온 것으로 이해하는 것이다.

예를 들어, 한 사람이 위 통증 때문에 의사의 처방을 받아 약을 복용하고 있다고 생각해 보자. 그런데 만약 그 사람이 복용한 약

---

[1] 제러마이어 버로스, 『만족: 그리스도인의 귀한 보물』, 21.

을 토한다면 그 약은 위의 고통을 줄이는 데 효과를 발휘하지 못할 뿐만 아니라, 약을 토하게 된 또 다른 심각한 문제가 있지 않을까 의심하게 될 것이다. 이와 마찬가지로 하나님이 주시는 고난을 우리가 받지 못하는 것은 우리 영혼에 있는 더욱 심각한 문제를 드러내는 것이다. 영적으로 위험한 상태에 있는 것이다.

맞이하는 모든 상황에서 심지어 악한 사람으로 인해 어려움을 당하는 경우에라도, 우리는 반드시 하나님께서 이 모든 것을 다스리고 계시다는 사실을 깨달아야 한다. 자신을 노예로 팔았던 형들에게 요셉이 "당신들은 나를 해하려 하였으나 하나님은 그것을 선으로 바꾸사"(창 50:20)라고 말할 수 있었던 것은 자신의 고난마저 하나님이 다스리고 계신다는 사실을 깨달았기 때문이다. 모든 고난을 하늘의 아버지로부터 온 것으로 받아들일 때, 우리는 영적으로 성장할 수 있고 거룩해질 수 있으며 만족을 누릴 수 있다.

또한 우리는 다양한 형태의 고난들뿐만 아니라, 일정한 기간을 두고 지속되는 고난들에 대해서도 만족하기를 배워야 한다. 때때로 그리스도인들은 어떤 고난은 잘 이겨내면서도, 다른 유형의 고난은 쉽게 이겨내지 못하는 경우가 많다. 예를 들어, 많은 그리스도인들은 그리스도의 이름을 위해 받는 고난을 기꺼이 감당하겠다고 말한다. 그러나 이 고난과 관련된 구체적인 것들을 말하기 시작하면, 그 고난을 감당하기가 힘들어할 것이다. 특히 우리 마음의 소원과 관련된 고난이라면, 그 고난을 견디기란 결코 쉽지 않을 것이다. 만약 고난이 자신의 가족이나 직업, 자녀들에게 영향을 미친다 할지라도 기꺼이 그 고난을 감당할 수 있을까? 배우자든, 자녀들이든 "우리 눈에 보배"를 잃게 될 경우, 분노하고 원망하며 마침내 신앙을 저버리는 사람들도 종종 있다.

우리는 고난의 유형에 관하여 말할 때, 고난이 한 번에 한 가지씩만 발생하지 않을 수도 있다는 것을 생각할 필요가 있다. 오히려 고난은 동시다발적으로 일어나기도 한다. 고난받는 욥을 생각해보라.

고난은 또한 다양한 시간 범위를 가진다. 감사하게도 대부분의 고난은 빨리 왔다가 빨리 사라진다. 하지만 두통과 요통 등으로 장기간 약물을 복용해야 하는 경우와 마찬가지로, 어떤 고난들은 오랜 시간 동안 계속되기도 한다. 찬송작곡가 윌리엄 카우퍼(William Cowper)는 우울증으로 인해 오랜 시간 고통을 받았다. 사도 바울 역시 그에게 고통을 주며 괴롭힌 "육체의 가시"로 인해 오랫동안 고통을 겪었다. 바울은 하나님이 그 가시를 제거해주시기를 세 번이나 간구했다. 그러나 하나님은 그렇게 하실 수 있음에도 불구하고 바울의 가시를 그냥 내버려 두셨다. 그 고난은 바울을 겸손하게 하기 위한 가시였으며, 바울은 그 고난으로 자신이 약함 가운데서 행할 때 하나님의 능력을 드러낼 수 있다는 것을 배울 수 있었다. 바울의 가시는 의도적으로 주어진 고난이었으며, 바울은 이로 인해 하나님께 영광을 돌려 드릴 수 있게 되었다.

우리는 얼마나 긴 시간 동안 고난을 감내할 수 있을까? 고난이 하나님으로부터 왔다는 것을 이해하고, 비록 그 모든 고난이 "사탄의 사자"(고후 12:7)라고 할지라도 바울처럼 우리도 그와 같은 고난을 이겨낼 수 있을까? 우리가 하나님의 은혜로 하나님의 영광을 위하여 그 고난들을 인내할 수 있을까?

고난을 맞이하는 것 외에는 우리에게 다른 방법이 없다. 우리가 할 수 있는 선택은 고난 가운데 만족하며 하나님께 영광을 돌릴 것이냐, 아니면 비통함 가운데 하나님을 원망할 것이냐 이 두 가지 중에 하나이다.

만족은 우리가 만족할 만한 상황을 찾음으로 얻어지는 것이 아니라, 하나님께서 우리를 만족하는 영으로 채워주실 때 누릴 수 이는 것이다.

4. 당신은 "자족"이라는 의미로 만족을 이해해야 한다

어쩌면 이 말은 다소 오해의 소지가 있을 수 있다. 그래서 우리는 "자족"이 의미하는 바가 무엇인지 조심스럽게 살펴볼 필요가 있다.

"만족"이라고 번역된 11절의 헬라어 단어는 "자족"을 의미한다(한글성경에는 "자족"으로 번역되었다). 사실, 이 단어는 헬라 철학자들이 가장 중요한 덕목들 가운데 한 가지 덕목을 갖는 것을 말하기 위해 사용하거나 또는 다른 사람들과의 일정한 애정관계나 의존관계가 없다는 것을 표현할 때 흔히 사용했다.[2] 그러나 바울이 빌립보서에서 사용한 단어의 의미는 위와 같은 의미가 아니라는 것을 분명히 이해하는 것이 중요하다. 사실, 여기서 바울이 말하

---

[2] 존 퍼거슨의 "The Triumph of Autarcy" in *Moral Values in the ancient World* (London: Methuen and Co., 1958), 133과 *The Religion of the Roman Empire* (Ithaca, NY: Cornell University Press, 1970), 190-210. 고대 사회의 개인주의에 대한 탁월한 연구에 관해서는 마틴 루터의 *Hellenistic Religions: An Introductions* (Oxford: Oxford University Press, 1987)를 보라.

는 "자족"은 수많은 방법으로 묘사되어지는 세상의 "자족"과는 다른 것이다.

첫째, 이것은 "너의 끈으로 너를 끌어 올려라"는 형태의 "자족"에 관하여 말하는 것이 아니다. 우리가 이미 살펴보았듯이, 자족은 하나님의 능력에 의해서만 이루어질 수 있는 것이고 모든 것이 은혜로 가능하기 때문이다.

둘째, 이것은 "다른 사람은 필요 없어"라고 말하는 개인주의적 "자족"의 형태가 아니다. 빌립보서는 문맥을 통해서 이것을 분명히 말하고 있다. 바울은 그의 삶과 사역에 있어서 빌립보 교인들이 중요하다는 것을 알고 있다. 바울은 복음 안에서 동역하는 빌립보 교인들에게 감사의 말을 전하고 있다(빌 1:5). 빌립보 교인들의 동역은 물질적 지원(빌 4:14-18)과 에바브로디도에 대한 개인적인 후원을 포함한다(빌 2:25-30). 바울은 또한 자신을 "구원"으로 이끌어줄 빌립보 교인들의 기도의 필요성에 대해 잘 알고 있다. 바울은 자신의 다른 편지들에서 그리스도인에게도 다른 사람들의 도움이 필요하고, 무엇보다도 그리스도인은 성도들과의 공동체적 관계 안에서 자신에게 적합한 역할을 수행할 수 있다는 것을 분명하게 말하고 있다.

셋째, 이것은 스토아주의의 "자족"의 형태가 아니다. 스토아주의는 모든 사람은 우주를 지배하는 비인격적인 운명의 힘에 복종해야 한다고 가르치던 바울 시대의 유명한 철학사상이다. 삶의 본질은 저항이 아니라 정해진 운명을 따라가는 것이라고 가르치는 철학이다. 개와 마차에 대한 이야기는 스토아주의의 유명한 한 예화다. 마차 뒤에 묶여진 개가 있다고 가정해 보자. 마차가 움직일 때 개는 마차를 따라가는 것을 선택할 수도 있고 마차에 저항하는 것을 선택할 수도 있다. 만약 개가 마차를 따라가는 것을 선택한다면 훨씬 더 쉬운 길을 갈 수 있을 것이다.

이런 관점에서 스토아주의는 자기절제와 자신의 감정을 다스리는 것을 중요하게 가르친다. 자신의 생각과 감정을 다스리지 않는 사람은 반드시 마차의 방향에 저항하는 개와 같은 모습이 될 것이다. 현대의 관점으로 바꿔 생각하면, 사이먼 앤 가펑클(Simon and Gafunkel)의 "나는 바위야, 나는 섬이야"(I am a Rock, I am an Island)라는 노래는 많은 점에서 이러한 스토아주의의 묘사와 비슷하다. "나는 다른 사람이 나에게 영향을 미치지 않게 할 거야. 바위는 고통을 느끼지 않아 그리고 섬은 절대 울지 않아."

비록 바울의 가르침에서 스토아주의 일면을 엿볼 수 있는 것이 사실이지만, 바울은 오히려 스토아주주의의 철학적 체계에 대항하고 그 위에 견고하게 섰을 것이다. 바울의 편지들은 그리스도인의 공동체적 연합의 중요성을 이해하는 한 사람을 소개한다(이에 관해서는 디모데후서를 참고하라).

그렇다면 빌립보서 4:11에서 바울이 말하는 "자족"의 의미는 무엇일까? 문맥상으로 여기서 "자족"이 의미하는 것은 외적인 상황이 우리를 결정하지 않는다는 것이다. 하나님이 우리를 어디에 두셨든지 우리의 상황이 어떠하든지 간에 만족하는 것을 의미한다. 뿐만 아니라 우리는 우리의 외적인 상황을 의지해서는 만족을 이룰 수 없지만, 대신에 우리 안에서 일하시는 성령의 사역으로 말미암아 만족을 누릴 수 있다는 것이다. 우리 안에서 일하시는 하나님의 은혜는 우리의 외적인 상황에도 불구하고 내적인 평안을 가져다주시기 때문이다.

  어린 아이의 울음을 멈추게 하기 위해서 어른들은 우는 아이에게 무엇인가를 준다. 아이의 울음을 그치고 일시적으로 만족을 주게 하는 효과가 있다. 그러나 이러한 결과를 초래하는 것은 아이들 마음의 성향 때문이 아니다. 물론 올바른 자녀교육은 아이들이 뭔가를 받는 것으로 만족하는 법을 가르치지 않는다.

  언젠가 처남이 베이커리에서 계산을 하기 위해서 한 젊은 엄마와 어린 아들 뒤에 줄을 서서 기다리면서 보게된 일을 말해 주었다. 그 젊은 엄마가 계산할 차례가 되자, 어린 아들이 유리 사이로 쳐다보며 큰 소리로 "나 쿠키 먹을래요"라고 말했다. 그러자 아이의 엄마가 조용히 대답하기를 "넌 쿠키 먹으면 안돼"라고 하자 아이는 또 다시 큰 소리로 "나 쿠키 먹을래요. 쿠키 사주세요"라고 하자, 엄마는 아들에게 쿠키를 먹어서는 안 된다고 반복해서 말했다. 이렇게 쿠키를 놓고 실랑이가 벌어지는 동안 아이의 목소리는 점점 더 커져갔고, 이에 엄마도 점점 화를 내기 시작했다. 마침내 아이를 설득하는 것을 포기한 엄마는 아들에게 쿠키를 사주고서야 그 가게를 떠날 수 있었다.

  아이들을 얌전하게 만들고 조용히 시킬 수 있을 것들에 우리 모두는 유혹을 받곤 한다. 또한 이런 것들의 위험에 대해서 역시 잘 알고 있다. 자신의 모든 필요를 들어주라고 떼쓰는 아이들은 부모들뿐만 아니라 주변 사람들까지 당황스럽게 만든다. 게다가 그런 아이들은 대게 조용히 할 줄도 모르고 만족해 할 줄도 모른다.

  그러나 어른들 역시 이러한 교훈을 배워야 할 필요가 있다. 우리는 외적인 환경에 근거한 것이 아니라, 내적인 것으로부터 오는

"자족" 또는 "만족"을 풍성하게 계발할 필요가 있다. 이를 위해서는 우리에게 하나님의 은혜가 필요할 뿐만 아니라, 우리 또한 영적 훈련에 참여하는 것이 필요하다. 어떤 이들에게는 자신을 훈련해야 하는 이러한 과정이 다른 사람들보다 훨씬 더 어렵게 느껴질 수도 있다. 그럼에도 불구하고 우리 모두는 부패한 마음을 가지고 있기 때문에 그리스도인의 진정한 만족에 이르기 위하여 배우고 연습하고 또 훈련해야 할 필요가 있다.

물론 외적인 상황들로 고난 가운데 있는 영혼을 위로할 때도 있다. 누군가 모든 소망을 잃고 거의 자멸할 지경에 이르렀을 때 마음의 훈련을 계속하라는 말하는 것은 적절하지 않다. 우리는 자멸할 지경에서 고통받고 있는 사람을 지킬 수 있는 방법을 찾아야 한다. 묵상이나 활동적인 운동 그리고 다양한 방법으로 기분전환을 하는 것은 삶의 어려운 시기를 이겨내는 데 도움을 줄 수 있다.

하지만 우리는 이러한 외적인 방법들은 아주 잠시 동안만 우리에게 만족을 제공한다는 것을 기억해야 한다. 다양한 고난의 상황이 또 다시 일어나게 되면 불만족은 어김없이 되돌아오기 마련이다. 일반적으로 이 세상은 불만족하는 우리의 영혼에 대하여 빨리 치유할 수 있는 근시안적인 대책을 제공한다. 그러나 진정한 만족은 외적인 상황을 해결하는 것으로부터 오는 것이 아니라, 마음의 문제를 해결함으로써 오는 것이다.

이러한 관점에서 우리는 "그리스도인의 만족이란 무엇인가?"에 대하여 말할 수 있을 것이다. 버로스는 그리스도인의 만족에 관하여 다음과 같이 정의한다.

"그리스도인의 만족이란 달콤하며, 내면적이고, 평온하며, 영혼의 은혜로운 상태이다. 이러한 상태는 모든 상황을 처리하시는 아버지의 섭리와 지혜 안에서 기뻐하며 자유롭게 순종하는 것이다."[3]

우리가 만족에 관하여 어떻게 더 버로스보다 분명하고 간단하면서도 세밀하게 정의할 수 있겠는가? 이러한 만족의 정의는 지금까지 우리가 살펴본 모든 것들을 포함하고 있다.

첫째, 만족은 내면적인 것이다. 우리의 외적인 모습이 평안한 것 같이 보여도, 우리의 내면은 고난과 분노 가운데 있을 수 있다. 그러므로 만족은 마음에 뿌리를 두고 있는 것이 분명하다.

둘째, 만족은 은혜로운 것이다. 이 말은 만족이 곧 하나님의 은혜에 근거하지만, 우리가 직면하는 모든 상황을 훨씬 더 유연하게 받아들일 수 있다는 것이다.

셋째, 만족은 하나님이 주시는 것 안에서 기뻐하거나 기쁨을 발견할 때 누릴 수 있다.

넷째, 만족은 우리의 삶에서 경험하는 모든 상황이 하나님의 손길로부터 왔다는 것을 깨달을 때 누릴 수 있다. 우리는 계속해서 하나님의 주권을 인식해가야 하며 하나님께서 자신의 영광과 우리의 유익을 위하여 모든 것을 정하셨다는 사실을 깨달아야 한다.

다섯째, 하나님의 손길로부터 우리의 모든 환경이 왔기 때문에, 우리에게 주어진 환경에 순종해야 한다. 만약 우리가 쉼을 누리지 못하고 있다면 우리의 영혼은 하나님의 주권에 불순종하고 있다

---

[3] 제러마이어 버로스, 『만족: 그리스도인의 귀한 보물』, 19.

는 것을 의미한다.

여섯째, 우리는 바울과 같이 모든 상황 가운데서 만족하는 것을 배워야 한다. 우리가 특정한 상황 가운데에서만 하나님의 주권을 즐겁게 인정하고 다른 상황에서는 그렇지 못한다면 우리는 결코 만족을 배울 수 없다.

일곱째, 마지막으로 중요한 것은 빌립보서 4장에서 말하는 만족의 유형은 하나님의 자족을 반영한다. 신학자들은 하나님의 속성 중에 하나로 자족을 말한다. 왜냐하면 하나님은 다른 것에 의존하는 분이 아니시기 때문이다. 하나님은 자기 자신 외에 사람이나 다른 것들을 필요로 하지 않으신다. 그는 완전히 자족하는 분이시다.

이제, 하나님은 창조주이시고 우리는 피조물이라는 것을 생각해야 한다. 우리는 결코 하나님이 하시는 방법으로 자족할 수 없다. 하나님은 무엇보다 먼저 우리를 하나님께 의존하는 존재로 다른 사람들에게 의존하는 존재로, 그리고 우리의 삶을 위해 주어진 하나님의 모든 창조물을 의지하는 존재로 만드셨다.

그럼에도 빌립보서 4장에서 묘사하는 "자족"에 우리가 어느 정도 이를 수 있는 이유는 우리가 하나님의 속성의 작은 부분들을 가지고 있기 때문이다. 우리의 자족이 하나님의 자족을 반영한다면 하나님의 속성은 우리 안에서 나타날 것이다. 달리 말하면, 우리가 만족하는 것은 하나님께 영광을 돌려 드리는 것이 된다.

하나님이 영광스럽게 되시는 것, 바로 이것이 본서의 목적이자 그리스도인이 만족을 추구하는 목적이 되어야 한다. 이런 의미에서 만족에 대한 우리의 연구는 "하나님을 가장 기뻐하는 것이 하나님을 가장 영화롭게 하는 것이다"라는 존 파이퍼의 명언과도 놀랍게 일치한다.

우리가 하나님 안에서 만족하여 만족에 이를 수 있기를 바라며, 그래서 하나님께서 영광을 받으시기를 바란다.

생각해 볼 문제들

1. 많은 사람들이 여러 가지 이유로 인해 삶을 만족으로 이끄는 것에 대하여 잘못된 이해를 갖고 있습니다. 만족을 누릴 수 있는 방법과 관련하여 당신이 가지고 있는 잘못된 생각은 무엇입니까? 당신이 만족에 관하여 배우고 연구하기 위해 그리고 당신이 가지고 있는 잘못된 생각들을 교정하기 위해 할 수 있는 첫 번째 실천적인 단계는 무엇입니까?

2. 당신은 바울처럼 인생의 모든 상황 가운데서 만족하기를 배워본 적이 있습니까? 당신이 만족을 누리기 위해 분투하였던 때는 언제입니까? 그러한 노력 가운데 당신은 어떻게 만족하는 것을 배웠습니까?

3. 당신은 풍부할 때에 불만족하는 경향이 있는지, 아니면 궁핍할 때에 불만족하는 경향이 있는지 생각해 봅시다. 그 이유는 무엇입니까?

4. 삶의 고난 가운데 고난과 역경에 대한 성경의 가르침은 당신으로 하여금 어떻게 만족을 누리도록 합니까?

5. 바울이 빌립보서 4장에서 말하는 "자족"은 세상이 말하는 자족과 어떻게 다릅니까? 어떤 점에서 당신은 자신의 행복

을 위해 외적인 것에 의지한다고 말할 수 있습니까?

6. 당신의 마음을 살펴볼 때, 당신은 모든 상황을 허락하신 하나님 안에서 평안하고 은혜로운 마음을 가졌다고 말할 수 있습니까? 우리에게 일어나는 모든 일이 하나님의 손길로부터 왔다는 마음가짐을 발전시키기 위해 당신이 할 수 있는 일은 무엇입니까?

2장

그리스도인의 만족의 필요성

영화 "월 스트리트"(*Wall Street*)에서 고든 게코(Gordon Gekko)는 "탐욕은 선한 것이다"라고 담대하게 말한다. 그러나 대부분의 사람들은 불만족의 위험과 만족의 혜택을 안다. 레오 톨스토이(Leo Tolstoy)는 『인간에겐 얼마나 많은 땅이 필요한가?』(*How much land dose a man need?*)라는 이야기를 썼는데, 자신이 가진 것에 만족하지 못하고 무엇이든지 더 가지기를 원했던 한 부자 농부에 관한 이야기이다.

어느 날 농부는 1,000루블(러시아 화폐단위)로 하루 동안 자신이 걸은 모든 땅을 살 수 있다는 제안을 받는다. 이 거래의 유일한 조건은 해가 지기 전에 자신이 출발한 곳으로 돌아와야 한다는 것이었다. 다음 날 아침 일찍 그 농부는 빠른 걸음으로 걷기 시작하였다. 정오가 되자 매우 피곤했지만 걸음을 멈추지 않았고, 그가 걸어간 땅은 점점 더 많아졌다. 오후가 되자 농부는 자신의 욕심 때문에 출발점에서 너무 멀리 와버렸다는 것을 깨달았다. 그래서 서둘러 방향을 돌려 출발점으로 돌아갔다.

해가 아래로 가라앉기 시작했을 때 그는 "만약 해가 지는 걸 보고 발길을 돌리지 않았다면, 이 많은 땅을 가질 기회를 놓쳤을 거야"라는 생각을 하면서 뛰기 시작했다. 해가 지평선 밑으로 가라앉을 즈음 출발점이 눈에 들어왔다. 그의 숨은 헐떡였고 심장은 크게 뛰었다. 농부는 해가 지기 바로 직전에 혼신의 힘을 다하여 비틀거리면서 출발점으로 겨우 돌아왔지만 그는 곧 그 자리에서 쓰러졌고 입에서는 피가 흘러나왔다. 그리고 몇 분 후 그는 숨을 거두고 말았다. 농부의 종들은 그의 무덤을 팠는데, 그 넓이가 세로 180cm, 가로 90cm에 불과했다.[1] 톨스토이는 "인간에겐 얼마나 많은 땅이 필요한가?"라는 그 이야기의 제목으로 역설적인 대답을 한 것이다.

많은 철학자들과 작가들도 시대를 걸쳐 만족의 중요성에 대해서 말해왔다.

이솝
"너의 몫에 만족하라. 어떤 이도 모든 것에 최고가 될 수는 없다."

소크라테스
"만족은 자연스러운 부이지만 사치는 인위적인 가난이다."

---

[1] 레오 톨스토이, *How Much Land Does a Man Need? and Other Stories* (London: Penguin Books, 1993).

린유탕(중국 철학자이자 시인)
"만족의 비결은 자신이 가진 것을 어떻게 즐기는지 아는 것이며, 자신의 상태를 초월하여 모든 욕심을 버릴 수 있는 것이다."

벤자민 프랭클린
"만족은 가난한 자를 부유하게 만들지만, 불만족은 부유한 자를 가난하게 만든다."

비록 만족의 가치에 관한 많은 격언들이 있음에도 불구하고 만족을 추구하는 세상의 모든 이유들이 성경적인 것은 아니다. 그래서 만족에 관하여 성경적인 근거를 살피는 것은 우리에게 중요하다. 더욱이 만족은 학습을 필요로 하며, 학습은 그 자체로 노력과 수고를 필요로 하기 때문이다. 타성의 압력은 우리가 학습을 추구하지 못하도록 유혹한다. 만약 우리가 만족하기를 배우는 것을 시작하고 우리의 고통이 증가하는 것을 경험하게 되면, 만족하기를 배우는 것을 포기하라는 유혹을 받게 될 것이다.

그래서 우리에게는 다음과 같은 질문을 생각하는 것이 필요하다. "우리는 왜 만족을 추구해야 하는가?" 우리 중 대부분은 만족에서 오는 개인적인 유익을 알고 있다. 그러나 만족을 추구해야 하는 성경적인 이유는 만족이 주는 개인적인 유익보다 훨씬 더 크고 많기 때문이다.

이제 우리는 그리스도인들이 거룩한 만족을 추구해야 하는 일곱 가지의 이유에 대해서 살펴볼 것이다.

1. 하나님이 우리에게 만족을 추구하라고 명령하셨다

우리가 만족을 추구해야 하는 이유는 하나님이 우리에게 만족을 추구하라고 명령하셨기 때문이다. "네게 있는 바를 족한 줄 알라"(히 13:5). 우리는 이 말씀을 기뻐하라고 말씀하신 성경의 수많은 말씀들에 더할 수 있을 것이다. 기쁨과 만족은 헤어질 수 없는 길동무와 같다. 기쁨과 만족은 하나님께서 변함없이 다스리고 계신다는 것을 아는 즐거운 상태이다. 기쁨이 가득한 마음은 하나님의 주권을 인정하고 그로 인해 기뻐한다.

그러나 성경은 우리에게 단지 만족과 기쁨이 좋은 것이라고 가르치는 것이 아니다. 오히려 성경은 우리가 만족하며 기뻐하라고 말한다. 성경적인 신앙은 하나님을 신뢰하고 그분께 순종하는 것이다. 그리스도인으로서 우리는 하나님께 순종하는 것을 구하는 사람들이다. 이것이 바로 하나님을 영화롭게 하는 것이며 우리가 하나님을 기뻐하는 것이다. 예수님은 "너희가 나를 사랑하면 나의 계명을 지키리라"(요 14:15)고 말씀하셨다. 만약 하나님이 우리에게 만족할 것을 명령하셨다면 그것은 우리의 유익과 하나님의 영광을 위한 것이다.

2. 만족은 귀중한 보물이다

우리가 만족을 추구해야 하는 이유는 만족이 부유함의 가장 위대한 모습이기 때문이다. 바울은 "자족하는 마음이 있으면 경건은 큰 이익이 된다"(딤전 6:6)고 가르친다.

이 문맥 안에서 바울은 세상의 부를 추구하는 것과 만족을 추구하는 것을 대조한다. 특히 바울은 "무엇이 정말 중요한가?"에 대한 우리의 관심에 집중하고 있다. 생명과 죽음의 관점에서 볼 때 "우리가 얼마나 소유하였는가?"라는 문제는 그렇게 중요하지 않다. 우리는 세상에 아무 것도 가지고 온 것이 없으므로 또한 아무 것도 가지고 갈 수 없다. 오직 영원한 생명만이 중요하다.

그러므로 우리의 부유한 외적인 상태가 아닌 내적인 상태가 중요하다. 버로스는 이렇게 말했다.

"만족은 그리스도인의 의무이자 영광이며 탁월함이다."[2]

사도 베드로는 부녀자들에게 권면한다.

금이나 아름다운 옷과 같은 것으로 단장하지 말고 심령에 썩지 아니할 것으로 하는 것이 하나님 앞에 값진 것이다(벧전 3:3-4).

외적인 보물은 세상적인 아름다움을 만들어 낼 수는 있지만 그러한 아름다움은 일시적이며 덧없는 것이다. 만족하는 마음의 보석은, 비록 이 세상에서는 하찮게 여겨질지라도 하나님이 보시기에 귀중한 것이며 영원히 지속되는 것이다.

예전에 아내는 집안에 대대로 전해진 진주 목걸이를 물려받았다. 나는 특별한 기념일에 물려받은 진주 목걸이를 차고 아름다운

---

[2] 제러마이어 버로스, 『만족: 그리스도인의 귀한 보물』, 19.

옷을 입은 아내의 모습을 좋아한다. 아내는 눈이 부시도록 아름답다. 하지만 아내를 참으로 아름답게 만드는 것은 화려한 보석과 옷이 아니라 그녀의 평안함과 기쁨과 만족하는 영혼에 있다.

"다이아몬드는 영원하다." 유명한 TV광고 문구이다. 그 광고가 매력적일지는 몰라도 광고를 제작한 사람이 거짓말을 하고 있다는 것을 우리는 속으로 다 알고 있다. 물질의 부유함은 평안하며 고요한 만족을 누리는 빛나는 영혼의 아름다움에 비교될 수 없다.

당신이 세상의 부유함을 초월하여 영원히 지속되는 재물과 부유함으로 장식되어지기를 원한다면 만족을 추구하라!

3. 투덜거리는 마음은 큰 죄다

투덜거리며 불만족하는 마음은 큰 죄다. 투덜거리며 불만족하는 마음에 관해서는 다음 장에서 더 자세히 살펴보겠지만, 일단 바울이 빌립보서에서 하는 말을 들어 보자. "모든 일을 불평과 시비가 없이 하라"(빌 2:14). 여기서 바울이 사용하는 말은 광야에서 이스라엘이 불평하던 것을 빌려온 것인데, 특히 민수기 11장의 이스라엘의 불평과 그 불평에 대한 하나님의 응답을 상기키신다.

계속해서 민수기 10장을 살펴보자. 우리는 민수기 10장에서 두 가지 중요한 사건을 볼 수 있는데 하나는 두 개의 은 나팔을 만드는 사건(2절)이며 또 다른 하나는 이스라엘 백성이 시내광야를 떠나는 사건(12절)이다. 민수기 10장 전체에 나타나는 두 가지 주제는, 하나님은 그의 백성과 함께 하신다는 것이며 하나님이 백성들의 소리를 들으시고 그들을 도울 준비를 하고 계신다는 것이다. 나팔소리는 "나는 너희의 하나님 여호와니 너희는 너의 하나님 앞에서 기억되어질 것이다"(10절)라는 의미를 갖는다. 나팔을 불 때에 하나님은 그제야 자기 백성들을 기억하신다는 의미가 아니다. 나팔 소리는 단지 하나님의 임재를 백성들에게 알리는 것이며, 하나님은 백성들을 돕기 위해 오실 준비가 되어있다는 하나의 신호이다(9절).

이와 비슷하게 민수기는 하나님의 백성들이 출발할 때 "여호와의 구름이 그들을 덮었다"고 기록한다. 민수기 10장은 다음과 같은 기록으로 끝이 난다.

> 궤가 떠날 때에는 모세가 말하되 여호와여 일어나사 주의 대적들을 흩으시고 주를 미워하는 자가 주 앞에서 도망하게 하소서 하였고 궤가 쉴 때에는 말하되 여호와여 이스라엘 종족들에게 돌아오소서 하였더라(민 10:35-36).

이 구절은 하나님의 준비와 보호 그리고 하나님이 자기 백성과 함께 하시는 아름다운 장면을 보여 준다. 하지만 민수기 11장의 시작은 10장의 마지막과 뚜렷한 대조를 보인다.

> 여호와께서 들으시기에 백성이 악한 말로 원망하매 여호와께서 들으시고 진노하사 여호와의 불을 그들 중에 붙여서 진영 끝에 사르게 하시매(민 11:1).

민수기 11장은 이스라엘 백성의 불만족이 일으키는 결과와 이스라엘 백성의 불평이 매우 심각한 죄인 이유가 무엇인지를 보여준다.

첫째, 투덜거림은 하나님의 임재와 하나님이 우리의 삶에 주신 축복들을 잊어버리게 하기 때문이다. 민수기 10장에서 하나님의 임재 가운데 기뻐하는 모습과 11장에서 불평하는 모습은 대조적으로 묘사된다.

둘째, 불만족은 일반적으로 과거를 과장하는 모습을 수반하기 때문이다. 투덜거리는 첫 사건은 곧바로 또 다른 투덜거리는 사건을 일으키게 마련이다.

> 그들 중에 섞여 사는 다른 인종들이 탐욕을 품으매 이스라엘 자손도 다시 울며 이르되 누가 우리에게 고기를 주어 먹게 하랴 우리가 애굽에 있을 때에는 값없이 생선과 오이와 참외와 부추와 파와 마늘들을 먹은 것이 생각나거늘 이제는 우리의 기력이 다하여 이 만나 외에는 보이는 것이 아무 것도 없도다 하니(민 11:4-6).

이스라엘 백성이 하는 불평의 요지는 "우리가 애굽에 있을 때 얼마나 좋은 것들을 누렸는지 기억하자!"라는 것이다. 하지만 이스라엘 백성은 애굽에 있을 때 그들의 고통과 짐의 무게가 너무도 중대하여 하나님께 구원해 달라고 부르짖지 않았던가? 어리석게도 이스라엘의 애굽시절에 대한 기억은 거짓일 뿐만 아니라 자비와 은혜로 그들을 구원하신 하나님을 대적하는 것이다. 우리 또한 현재의 삶에서 불만족을 느낄 때면 우리의 지난 과거들을 종종 "아름다운 날"이라는 장밋빛으로 회상하기를 좋아한다. 그러나 이러한 과장은 하나님이 우리를 올바른 상황으로 인도하셨다는 사실과 우리를 그 곳에 두신 하나님의 목적을 인식하는 데 차례대로 실패하게 한다.

셋째, 투덜거림은 우리의 믿음이 없다는 것을 보여주는 것이다. 하나님의 섭리뿐만 아니라 그의 예비하심을 의심하는 것이다. 민수기 11장에서 보았듯이 하나님은 자신의 은혜 안에서 그의 백성들에게 메추라기를 양식으로 공급하셨다. 게다가 이것은 이스라엘 백성들이 먹기에 충분하고 넉넉한 양이었다. 하나님께서 메추라기가 질릴 만큼 아주 풍성하게 주셨다. 하지만 모세는 하나님의 공급하심에 의심을 가졌다.

> 모세가 이르되 나와 함께 있는 이 백성의 보행자가 육십만 명이온데 주의 말씀이 한 달 동안 고기를 주어 먹게 하겠다 하시오니 그들을 위하여 양 떼와 소 떼를 잡은들 족하오며 바다의 모든 고기를 모은들 족하오리이까 여호와께서 모세에게 이르시되 여호와의 손이 짧으냐 네가 이제 내 말이 네게 응하는 여부를 보리라(민 11:21-23).

투덜거릴 때 우리는 하나님의 주권을 신뢰하지 못하게 되며, 약속을 따라 좋은 것을 공급하시는 하나님의 능력을 의심하게 된다. 모든 의심은 믿음이 부족하기 때문에 생기는 것이다.

민수기 11장은 하나님의 심판으로 시작하여 하나님의 심판으로 끝난다. 1절에서 하나님은 이스라엘 백성들 가운데 불을 내리셨고, 33절에서는 많은 사람을 큰 재앙으로 징계하셨다. 우리의 불만족은 하나님의 주권을 의심하는 것이며 그의 하나님 되심에 순종하지 못하는 것을 보여주므로, 하나님의 징계를 받는 것이 마땅하다. 그러므로 투덜거림은 아주 큰 죄인 것이 분명하다.

4. 불만족은 우리의 많은 죄에 뿌리를 두고 있다

불만족은 아주 큰 죄일 뿐만 아니라 우리 삶의 많은 죄악들에 뿌리를 두고 있다. 이 죄악의 뿌리 역시 많은 친구들을 가지고 있다. 불만족은 분명히 탐욕에 뿌리를 둔다. 우리는 탐욕에 관해서 말하는 열 번째 계명을 웨스트민스터 소요리문답에서 볼 수 있다.

80문: 십계명 중에서 열 번째 계명이 요구하는 것은 무엇입니까?
답: 열 번째 계명은 우리의 이웃과 그들에게 속한 모든 것에 대하여 의롭고 자비로운 마음으로 우리 자신의 상황에 전적으로 만족하는 것을 요구합니다.

81문: 열 번째 계명에서 금지하는 것은 무엇입니까?
답: 열 번째 계명은 우리 자신의 소유에 대한 모든 불만족과 이웃의 좋은 것을 보며 부러워하거나 상심하는 것을 금하며 이웃의 소유물에 대한 과도한 행동과 애착을 금지합니다.

탐심은 하나님이 우리에게 주시지 않은 것들을 원하기 때문에, 곧 불만족하는 마음이다. 반면에 만족하는 마음은 하나님이 우리에게 주신 것 안에서 기쁨을 찾는다. 만족은 자신에게 없는 것을 구하는 것이 아니다. 만약에 우리가 죄악 가득한 탐심과의 전쟁에서 이기기를 원한다면 만족에 관하여 더욱 연구해야 할 것이다.

그러나 터무니없는 욕심은 불만족하는 마음과 일치하여 우리 안에 다른 죄들이 일어나도록 한다.

> 오직 각 사람이 시험을 받는 것은 자기 욕심에 끌려 미혹됨이니 욕심이 잉태한즉 죄를 낳고 죄가 장성한즉 사망을 낳느니라(약 1:14-15).

"욕심"이라는 단어는 신약에서 열 번째 계명을 인용할 때 사용한 "탐내다"라는 헬라어 동사와 같은 어원을 가진다(롬 7:7를 참고하라). 탐심과 죄악 가득한 욕심은 구체적인 행동으로 나타난다. 야고보는 계속해서 말다툼과 싸움, 심지어 살인까지도 우리 마음 안에서 일어나는 전쟁에 뿌리를 두고 있다는 사실을 보여 준다(약 4:1-2). "너희가 살인하고, 욕심을 낸다"라는 말로 죄악 된 마음은 죄악 된 말들과 행동들로 나타난다는 것을 가르치는 것이다. 성경은 잘못된 욕심이 다른 죄들을 불러일으키는 심각한 사건들을 보여 준다. 밧세바를 향한 다윗의 마음이 간음과 살인을 저지르게 했다(삼하 11장). 나단의 포도원을 향한 아합의 욕심이 거짓 증인들을 세워 나단을 죽이도록 했다(왕상 21장). 하와의 욕심은 그녀 자신과 아담을 금지된 나무의 과실을 먹게 했고, 모든 인간을 죄악과 사망에 놓이게 하여 비참한 상태로 만들어버렸다.

> 여자가 그 나무를 본즉 먹음직도 하고 보암직도 하고 지혜롭게 할 만큼 탐스럽기도 한 나무인지라 여자가 그 열매를 따먹고 자기와 함께 있는 남편에게도 주매 그도 먹은지라(창 3:6).

따라서 하나님이 우리에게 주신 것으로 만족하는 것을 배우는 마음의 훈련은 매우 중요하다. 하나님이 그리스도 안에서 우리에게 오셔서 우리를 새로운 피조물로 만드실 때 하나님을 향한 마음을 우리에게 주신다. 목마른 사슴이 시냇물을 찾듯이 우리가 하나님을 사모하게 된다. 성화의 과정에서 하나님은 우리의 욕심을 이 세상의 것들로부터 더 멀리 가져가시고, 우리의 마음을 점점 더 하나님께 두도록 하신다. 그렇다면 만족은 우리의 성화에 있어서 필수적인 것이다. 마틴 루터(Martin Luther)는 이렇게 말했다.

"하나님은 바벨론에는 거하시지 않으시지만 예루살렘에는 거하신다."[3]

이 말은 하나님은 혼란 속에는 거하지 않으시지만 평안함 가운데는 거하신다는 뜻이다. 하나님은 자신 안에서 쉼을 누리는 영혼 가운데 거하신다.

5. 만족하는 마음은 하나님의 뜻에 순종하는 겸손한 마음이다

만족하는 마음은 우리 삶을 전능하게 다스리시는 하나님에 대한 순종을 의미한다. 만족하는 마음은 "나는 하나님의 주권 아래에 있어. 그리고 나는 내가 가진 것에 만족해"라고 고백한다. 또한 만족하는 마음은 하나님이 주신 것이라면 무엇이든지 순종하는

---

[3] 제러마이어 버로스, 『만족: 그리스도인의 귀한 보물』, 127.

마음으로 받아들인다. 만족하는 마음은 하나님이 모든 것을 제정하시며 그가 우리 삶의 모든 상황을 다스리신다는 것을 인정한다. 삶이 비교적 쉽게 잘 풀리고 가진 것이 넉넉할 때에든지, 어렵고 부족할 때든지 상관없이 하나님의 주권을 인정한다.

바울은 로마의 감옥에 있는 동안 자신의 상황 가운데에서 하나님의 주권을 인정할 수 있었고 하나님의 주권 안에서 기뻐할 수 있었다. 바울의 투옥은 복음 전파를 가로 막은 것이 아니라 실제로는 복음을 확장시키는 역할을 하였다(빌 1:12). 바울의 투옥으로 복음은 모든 감옥의 간수들에게 알려졌고(빌 1:13), 바울이 예수를 전하다가 투옥된 것으로 인해 다른 그리스도인들이 더욱 담대함을 얻게 되었다(빌 1:14). 그래서 바울은 자신이 감옥 밖에 있을 때보다 복음이 더 많이 전해지는 것으로 인해 더욱 기뻐했다. 그는 고난 중에 있었지만 하나님의 전능하신 주권을 인정했고, 하나님은 바울을 통해 당신의 뜻을 이루어 가셨다.

6. 만족 없이는 하나님의 평안을 경험할 수 없다

우리는 만족 없이는 하나님의 평안을 경험할 수 없다. 만족하는 마음은 평안한 마음임에도 불구하고 우리가 평안을 강조하는 이유는 말할 필요도 없이 너무 분명하다. 불만족은 우리의 마음에 혼란을 가져오지만, 만족은 우리를 평안하고 고요한 마음으로 이끌기 때문이다. 우리에게 기뻐하라고 말하면서 만족의 모델로 바울을 보여준 빌립보서는 동일하게 우리의 모든 생각을 뛰어 넘는 하나님의 평안에 대해서 말하고 있다(빌 4:7). 만족의 추구는 본질적으로 이러한 평안을 추구하는 것이다.

7. 만족하는 마음은 하나님을 예배하는 마음이다

만족하는 마음으로 하나님께 드리는 우리의 예배는 하나님께서 받으시기에 합당한 예배가 된다. 버로스는 "예배는 하나님을 기쁘시게 하는 것뿐만 아니라 하나님이 하신 일 또한 기뻐하는 것이다"[4]라고 말했다. 예배는 하나님 안에서 기쁨을 찾는 것을 필요로 한다. 그러나 우리는 하나님이 우리의 삶을 전능하게 다스려 주실 때에만 하나님 안에서 기쁨을 찾으려 한다. 우리의 마음이 흔들리거나 평안하지 않거나 근심이 있을 때에 우리는 하나님의 임재 가운데서 진심으로 기뻐할 수 없다.

우리는 예배를 드릴 때 시편기자의 고백과 같이 "우리 여호와께서 정하신 것은 무엇이든지 의로우시도다"라고 한다. 오직 그 고백 안에서 우리가 하나님께 드리는 것은 무엇이든지 하나님이 받으시기에 합당한 것이 된다. 그래서 예배 가운데 우리는 하나님을 하나님으로 높이며, 그분 앞에 있는 우리 자신을 그분의 종과 같이 낮추는 것이다. 우리는 하나님의 주권을 인정하며 우리의 삶에 관한 그분의 지혜로운 결정들에도 기꺼이 순종한다. 그러므로 진정한 만족은 참된 예배를 드리는 사람의 마음에 있다.

만약 이 마지막 일곱째가 사실이라면 투덜거리며 불만족하는

---

[4] 제러마이어 버로스, 『만족: 그리스도인의 귀한 보물』, 120.

마음은 매우 위험하다. 우리는 앞으로 살펴보게 될 "어떻게 만족을 추구할 것인지"에 대한 논의로 넘어가기 전에, 우리의 투덜거리며 불만족하는 마음이 얼마나 위험한지를 다음 장에서 먼저 살펴 볼 것이다.

생각해 볼 문제들

1. 당신의 불만족하는 마음이 하나님을 대적하는 이유는 무엇입니까?

2. 당신의 삶에서 불만족이 어떻게 구체적으로 또 다른 죄를 짓게 합니까?

3. 당신은 하나님이 모든 것을 제정하셨다는 성경의 진리를 받아들이는 것에 어려움을 겪고 있습니까? 만약 그렇다면 또는 그렇지 않다면 그 이유는 무엇입니까? 이 진리를 받아들이는 것이 우리가 만족하는 마음을 가지는 것에 어떤 도움을 준다고 생각합니까?

4. 당신은 만족하는 영혼의 보석을 가진 사람들을 본적이 있습니까? 있다면 그들의 모습을 한번 생각해 봅시다. 그들의 삶 가운데 그 귀중한 보석은 어떤 모습으로 나타납니까?

THE SECRET OF CONTENTMENT

3장

투덜거리며 **불만족하는**
마음의 위험

혹 다른 사람들의 눈에 비친 당신은 투덜거리며 불만족하는 사람이 아닐까? 여기 "존 형제"라 불리는 한 수도사의 이야기가 있다. 존 형제는 어느 날 조용한 수도원으로 들어갔고, 수도원장은 그에게 이렇게 말했다.

"형제여, 이곳은 조용한 수도원입니다. 당신이 원해서 이곳에 왔다면 우리는 당신을 환영합니다. 하지만 내가 당신에게 말하라고 지시하기 전까지 당신은 아무 말을 해서는 안 됩니다."

그 후 존 형제는 수도원장의 지시대로 아무 말도 하지 않은 채 5년을 수도원에서 지냈다. 5년 후, 수도원장이 존 형제에게 말했다.

"존 형제여, 당신은 아무 말도 하지 않은 채 이곳에서 5년을 지냈습니다. 이제 당신은 두 단어를 말해도 좋습니다."

존 형제는 수도원장에게 두 단어를 말했다.

"침대가 딱딱해요."

수도원장은 존 형제에게 대답했다.

"이거 참, 유감이군요. 더 좋은 침대를 마련하도록 하죠."

또 다시 5년이 지난 후, 수도원장은 존 형제를 불렀다.

"존 형제여, 이제 당신은 또 다른 두 단어를 말할 수 있습니다."

존 형제는 대답했다.

"음식이 차가워요."

수도원장은 말했다.

"다음부터는 음식이 더 좋아질 겁니다."

존 형제가 수도원 생활을 한지 15년이 되던 해에 수도원장은 존 형제를 그의 사무실로 다시 불러서 이렇게 말했다.

"존 형제여, 오늘 당신은 또 다른 두 단어를 말할 수 있습니다."

존 형제가 대답했다.

"이제, 그만 둘래요"

수도원장은 존 형제에게 말했다.

"네, 잘 생각하셨습니다. 당신이 이곳에 온 이후로 한 것이라고는 불평 외에는 아무 것도 없습니다."

비록 과장된 이야기에 불과할지라도 우리의 생각과 언어가 얼마나 많은 불평과 불만으로 표현되는지를 생각해 볼 때 이 이야기는 우리에게 적절한 교훈을 줄 것이다.

만족은 우리의 마음에 하나님의 은혜를 드러낸다. 그리고 만족의 반대편인 불평과 불만 역시 다른 진실을 드러내는데, 이는 바로 우리 마음에 가득 찬 걱정과 고민이다. 우리는 자신의 불만에 대해서는 대부분 진지하게 생각하지 않는다. 반대로 어떤 일이 자기 뜻대로 되지 않을 때는 다른 사람을 핑계대거나 비난한다. 이렇게 불만족하는 마음은 자신이 갖고 있는 훨씬 더 심각한 영혼의 문제를 보여주는 것이다. 만약 지금 불만족하는 마음이 있다면 정신을 차리고 불만족이 위험하다는 것을 스스로에게 알려야 한다.

빌립보 교인들에게 쓴 바울의 편지는 우리에게 만족에 관하여 가르쳐줄 뿐만 아니라 불만족의 위험까지도 경고하고 있다.

> 모든 일을 **투덜거림과 불평**[1]이 없이 하라 이는 너희가 흠이 없고 순전하여 어그러지고 거스르는 세대 가운데서 하나님의 흠 없는 자녀로 세상에서 그들 가운데 빛들로 나타내며 생명의 말씀을 밝혀 나의 달음질이 헛되지 아니하고 수고도 헛되지 아니함으로 그리스도의 날에 내가 자랑할 것이 있게 하려 함이라(빌 2:14-16).

빌립보서 2:14에서 바울이 사용한 헬라어 단어는 우리가 의성어라고 말하는 "투덜거림"(ESV 영어 성경은 grumbling으로)으로 번역되었고, 이 헬라어 단어의 "곤구스모스"(*gongusmos*)의 발음은 이 단어가 의미하는 것과 비슷한 발음이 난다. "곤구스모스"를 반복해서 발음하게 되면 그 소리가 꼭 투덜거리는 소리와 같을 것이다. 영어의 "중얼거림"(murmur)이라는 단어도 이와 같은 방법으로 그 의미를 전달하는 역할을 한다.

무엇보다 중요한 것은 "곤구스모스"라는 이 헬라어 단어가 히브

---

[1] 개역개정성경은 이 부분을 "원망과 시비"로 번역하고 있지만, 저자가 인용한 ESV 영어 성경은 grumbling과 questioning으로 번역하고 있고 이 글의 전체적인 흐름상 이후부터 이 표현을 "투덜거림과 불평"으로 번역한다(역자주).

리어 구약성경을 헬라어로 번역한 성경에서, 이스라엘 백성이 광야에서 투덜거리는 것을 묘사할 때 계속해서 사용되어졌다는 것이다. 우리가 2장에서 살펴보았고 또한 계속해서 더 자세히 살펴보게 될 이러한 투덜거리는 마음을 하나님은 큰 죄로 여기신다. 바울은 빌립보 교인들이 투덜거리는 이스라엘과 같이 되지 말라고 분명히 경고하고 있다.

모든 것을 투덜거림과 불평이 없이하라는 것을 생각해 볼 때, 먼저 이것이 의미하는 바가 아닌 것을 살펴보는 것이 우리에게 도움이 될 것이다.

첫째, 바울은 마음속에 있는 모든 것들을 표현하지 말고 그저 간직하거나, 우리의 어려움을 친구들과 나누지 말라고 하는 것이 아니다. 바울도 하나님의 뜻을 행하는 동안 자신의 어려움을 친구들과 함께 나누었다. 하지만 그는 빌립보 교인들에게 경고했던 대로 투덜거림과 불평 없이 나누었다.

둘째, 자신에게 부족한 것이나 필요한 것들을 하나님을 경외하는 마음으로 구하는 것을 금하는 말이 아니다. 우리는 성경 곳곳에서 이런 모습을 보여주는 믿음의 사람들을 찾아 볼 수 있다. 시편는 하나님께서 자신을 회복시켜 주시기를, 그의 영광을 나타내 주시기를, 수렁에 빠진 자신을 구원해주시기를 원하는 고통스러운 탄식들로 가득하다. 특히 시편의 처음 열세 편 중에서 최소 세 편인 6편, 10편, 13편은 "불평하는 시편"으로 분류할 수 있을 것이다. 이렇게 "불평하는 시편"에서 시편기자는 하나님께 자신의 고난들을 쏟아 놓으며, 하나님이 행하실 때와 그의 도움이 임하실 때 일어날 경이로움을 노래한다.

또한 우리는 이와 같은 경건한 불평을 선지자들에게서도 찾아볼 수 있다. 하박국 1:1-2:1은 특히 주목할 만한 예가 된다. 하박국은 이스라엘의 악함에 관하여 하나님께 의문을 제기한다. 그리고 하나님이 이스라엘보다 더 악한 갈데아인들을 사용하여 이스라엘을 징계하실 계획을 알려주시자 하박국은 또 다시 불평한다.

하나님의 사람들이 합당한 의문과 불평을 쏟아 낼 때, 하나님은 즉각적으로 응답하시기도 하고 구원하시기도 한다. 이스라엘 백성들이 애굽의 압제 가운데서 그들의 고통으로 인해 하나님께 부르짖을 때, 하나님은 그들의 소리를 들으시고 그 백성들을 구원하셨다.

여기서 중요한 것은 하나님이 들으시기에 합당한 형태의 불평과 그렇지 않은 형태의 불평이 있다는 것이다. 우리의 불안함 가운데 두 가지를 살펴볼 필요가 있는데, 그것은 우리의 투덜거리는 빈도와 투덜거림의 정도이다. 스스로에게 솔직하게 말해보자! 뭔가 조금이라도 우리에게 불편함을 주고 귀찮게 하는 일이 생길 때마다 우리는 불평하지 않는가? 혹 우리의 불평은 하나님을 향한 것이 아닌가? 우리의 불평은 우리 마음의 혼란함을 반영하고 있는 것은 아닌가? 결국은 다음과 같은 결론을 내릴 수 있을 것이다. 하나님 자신의 영광과 우리의 유익을 위하여 세상의 모든 질서를 정하신 온 우주의 통치자이신 하나님을 하나님 되시도록 하고 있는가? 우리 자신이 보기에 좋은 것들만을 주셔야 하는 분으로서 하나님을 생각하고 있지는 않는가?

이제 빌립보서 2:14-16로 돌아가 바울이 투덜거림과 불만족하는 마음에 관하여 우리에게 가르치는 것이 무엇인지 살펴보도록 하자.

1. 투덜거림은 마음의 부패를 보여 준다

먼저, 투덜거림은 마음의 부패를 보여주고 있다는 것을 살펴볼 것이다. 특히 빌립보서 2장에서 14절과 15절을 이어주는 "이는"이라는 단어를 주의해서 살펴 볼 필요가 있다.

> 모든 일을 투덜거림과 불평이 없이 하라 **이는** 너희가 흠이 없고 순전하여 어그러지고 거스르는 세대 가운데서 하나님의 흠 없는 자녀로…(빌 2:14-15).

"흠이 없고 순전한" 것뿐만 아니라 "흠이 없게 되는 것"은 순전히 투덜거림과 불평 없이 하는 모든 것에 달려 있다. 반대로 말해서 투덜거리거나 불평하는 자들은 그들의 마음이 부패하고 더러워진 마음이라는 것을 스스로 고백하는 것이다.

이러한 투덜거림과 불평에 대한 적용은 단지 우리 자신들의 일반적인 성향을 말하는 것뿐만 아니라, 하나님께 대한 우리의 순종과 섬김의 모습까지도 포함하는 것이다. 다시 바꾸어 말하면 하나님께 순종하고 있지만 투덜거림과 불평으로 행한다는 것이다. 그러나 이는 참된 순종과 경건이 아니다. 심지어 우리가 순종하여 행하면서도 불만족하는 마음을 갖는 다는 것은 경건이 부족하다는 것을 보여 준다. 우리는 모든 일을 투덜거림과 불평 없이 하기 위해 지금 이곳으로 부름 받았다는 것을 기억해야 한다.

바울은 투덜거리는 마음은 영적으로 위험한 상태라는 것을 확인시키면서 바울은 16절을 마무리한다. 원래 헬라어에서 빌립보서 2:14-16은 한 문장으로 이루어져 있다. 물론 대부분의 영어 성경도 그렇게 번역하였다. 이렇게 하나의 문장으로 이루어진 이 구절들은 하나의 핵심 주제와 몇 가지 부수적인 조항들로 이루어져 있다. 핵심 주제는 14절을 시작하는 명령이다. "모든 일을 투덜거림과 불평이 없이 하라." 이후의 모든 부수적인 것들은 이 명령에 포함된 구절들이다.

그리고 바울은 이렇게 마무리 짓는다.

> 나의 달음질도 헛되지 아니하고 수고도 헛되지 아니함으로 그리스도의 날에 내가 자랑할 것이 있게 하려 함이라(빌 2:16).

바울의 헛된 달음질과 수고는 빌립보 교인들의 구원에 관하여서 말하는 것처럼 보인다. 그렇다면 이 문장의 구조는 빌립보 교인들의 투덜거림이 "이것이 없으면 아무도 주를 보지 못하리라"(히 12:14)는 말로 거룩함을 추구하는 말씀과는 대조적으로 보인다. 투덜거림과 불평하는 마음은 하나님의 나라를 기업으로 받지 못하기 때문이다.

그렇다면 만족하는 마음은 우리가 구원을 얻기 위해서 "일"한다는 것을 의미하는가? 그렇지 않다. 바울은 에베소서에서 우리의 구원은 오직 은혜로 주어진다는 것을 분명히 말하고 있다(엡 2:8-9). 바울은 또한 조심스럽게 인간의 책임을 인정하면서 하나님의 절대적인 주권을 말하고 있다. 바울이 빌립보서에서 말했듯이 우리는 두려움과 떨리는 마음으로 구원을 이루어가야 한다(빌 2:12). 왜냐하면 우리 안에서 일하시는 분은 자기의 기쁘신 뜻을 위하여 우리에게 소원을 두고 행하시는 하나님이시기 때문이다 (빌 2:13). 게다가 선한 일을 하지 않는 것과 삐뚤어진 마음은 하나님의 은혜가 없다는 것을 보여주기 때문이다.

따라서 투덜거림은 우리의 마음에 하나님의 은혜가 없다는 것을 보여 준다. 우리는 투덜거리고 불평하는 마음을 우리를 대적하는 자들의 마음으로 보아야 한다.

우리는 또 다른 성경구절들을 살펴봄으로써 투덜거림의 위험에 대하여 이야기할 수 있다. 유다서 15-16절은 주님이 다음과 같은 자들을 심판하실 것이라고 말한다.

> 이는 뭇 사람을 심판하사 모든 경건하지 않은 자가 경건하지 않게 행한 모든 경건하지 않은 일과 또 경건하지 않은 죄인들이 주를 거슬러 한 모든 완악한 말로 말미암아 그들을 정죄하려 하심이라 하였으니라 이 사람들은 **투덜거리는 자며**[2] 불만을 토로하는 자며 그 정욕대로 행하는 자라 그 입으로 자랑하는 말을 하며 이익을 위하여 아첨하느니라(유 15-16절).

15절에서 세 번이나 다양한 형태로 "경건하지 않은"이라는 단어가 사용되었다. 이처럼 경건하지 않은 사람들의 본성이 16절에 그대로 기록되어져 있는데, 처음 두 가지의 특징이 "투덜거리는 자와 불만을 토로하는 자"라는 것을 우리는 볼 수 있다. 다시 말해서 유다는 지금 하나님의 심판을 받을 "경건하지 않은 죄인"이 "투덜거리는 자와 불평하는 자"라는 것을 구체적으로 설명하고 있는 것이다.

---

[2] 개역개정성경은 "원망하는 자"로 번역한다(역자주).

물론 구약에서도 하나님은 투덜거리는 자를 불순종하는 자로 여기셨다. 민수기 16장과 17장에서 연속해서 일어나는 사건은 이를 잘 보여 준다. 하나님이 고라와 그의 가족 그리고 그를 따르는 자들을 심판하신 것 때문에, 이스라엘 백성은 모세와 아론을 원망한다(민 16:41). 그때 하나님은 이스라엘 백성들에게 질병을 내리셨고, 그 질병으로 14,700명이 죽게 된다. 그리고 이 사건 바로 직후에 민수기 17장에서 하나님은 아론의 싹난 지팡이를 통하여 모세와 아론이 하나님이 세우신 이스라엘 백성들의 지도자임을 밝히신다. 그리고 이스라엘 백성이 더는 투덜거림과 원망을 하지 못하도록 하셨다(민 17:5, 10). 아론의 지팡이는 공개적인 "반역자에 대한 표징"이 되었고, 그 결과 이스라엘 백성은 심판을 면할 수 있게 되었다.

> 여호와께서 또 모세에게 이르시되 아론의 지팡이는 증거궤 앞으로 도로 가져다가 거기 간직하여 반역한 자에 대한 표징이 되게 하여 그들로 내게 대한 원망을 그치고 죽지 않게 할지니라(민 17:10).

하나님에 대하여 투덜거리는 것은 곧 하나님께 대적하는 죄를 짓는 것이므로 그들은 하나님의 징계를 자초했던 것이다.

출애굽기에서 연속으로 일어나는 세 가지 사건 역시 하나님의 백성들의 불평이 하나님의 징계를 자초한다는 것을 보여 준다. 출애굽기 14장에서 하나님이 홍해 사건을 통해 이스라엘 백성을 애굽으로부터 구원하시자마자 이스라엘 백성은 기쁨의 노래를 불렀다(출 15:1-21). 그리고 모세는 이스라엘 백성을 이끌고 수르 광야로 갔다. 광야에서 마실 물을 찾지 못하고 사흘 동안 이동을 하던 이스라엘 백성은 마침내 마라에 이르게 되었다. 하지만 마라의 물은 써서 마실 수가 없었고, 이스라엘 백성은 모세를 향하여 불평하기 시작했다(15:24). 그러나 하나님은 놀랍게도 불평하는 이스라엘 백성을 위해서 그 물을 달게 만들어 주셨다. 출애굽기 15장은 하나님의 말씀을 순종하면 애굽 사람들에게 내렸던 질병을 이스라엘 백성에게 내리지 않으실 것이니, 하나님의 계명을 잘 준행하라는 권면으로 끝을 맺는다(출 15:26).

출애굽기 16장에서 이스라엘 백성은 신 광야로 이동하는데 그곳에서 모세와 아론을 향하여 또 다시 불평을 한다. 이들의 원망은 사실 하나님께 대한 원망으로(출 16:8), 먹을 양식이 없다고 투덜거리며 불평한 것이었다. 이스라엘 백성은 심지어 그들이 애굽에 있을 때에 억압은 받았지만 최소한 먹을 양식은 있었다고 말하면서 애굽에서 종살이 하던 시절을 그리워했다. 그들의 불평에 대하여 하나님은 당신의 영광을 나타내시며, 이스라엘 백성에게 만나와 메추라기를 내려 주셨다.

출애굽기 17장에서 이스라엘 백성은 마실 물이 없자 다시 한번 투덜거리며 불평한다. 그때 하나님은 자기 백성의 투덜거림에 어떻게 반응하셨을까? 하나님은 모세에게 반석을 치게 하시고 물을 나게 하셨다. 그러나 하나님은 의미심장한 말씀으로 모세에게 말씀하셨다.

> 내가…그 반석 위 거기서 모세 너 앞에 서리니 너는 그것을 치라 (출 17:6).

반석 위에 서 계심으로 하나님은 그 반석을 자신과 동일시하셨다. 모세가 반석을 내리 칠 때 반석이 아니라 하나님이 맞으신 것이다. 즉 하나님은 투덜거리는 백성들에게 내리실 심판을 자기 자신에게 내리신 것이다. 이것은 예수 그리스도의 죽음을 미리 보여 주는 사건이었다. 완전하신 하나님이자 인간이신 예수님이 자신의 백성을 위하여 십자가의 고통을 친히 받으신 것을 예표하는 것이었다. 그래서 사도 바울은 우리에게 광야에서의 그 반석이 바로 예수 그리스도였다고 증거가 되는 것이다.

다 같은 신령한 음료를 마셨으니 이는 그들을 따르는 신령한 반석으로부터 마셨으매 그 반석은 곧 그리스도시라(고전 10:4).

여기서 중요한 것은 이스라엘의 투덜거림과 불만족이 매우 심각하여 하나님이 죄사함을 제공하셔야 했다는 것이다. 그러나 예수 그리스도는 자비롭게 그 백성들을 위하여 하나님의 심판을 참으신 것이다. 그의 백성들의 투덜거림으로 하나님이 심판을 받으셨다는 것은 그러한 투덜거림이 큰 죄라는 것을 너무도 분명하게 보여 준다.

이스라엘 백성의 세 가지 사건은 모두 심각한 상황에서 일어난 것이었다. 그들은 음식과 물이 부족한 상태에서 생명의 끝자락으로 내몰렸다. 사람이 물 없이 광야에서 오래 버틸 수는 없기 때문에 물은 그들에게 특별히 중요한 것이었다. 세 가지 사건은 모두 이스라엘 백성의 절망적이고 긴급한 상태를 보여 준다. 우리는 아마도 이스라엘의 절망적인 상황에 연민의 마음을 가질 것이다. 또한 그들의 투덜거림과 불평에 어느 정도 관대한 태도를 보일 수도 있다. 왜냐하면 이스라엘 백성의 운명이 마지막에 이르는 것처럼 보이기 때문이다.

그러나 하나님은 이스라엘 백성의 필요를 아시고 그들의 필요를 채우시기 위해 준비하는 동안 그들이 내뱉는 투덜거림과 불평을 그냥 지나치지 않으셨다. 하나님은 그들의 투덜거림과 불평을 큰 죄악으로 여기시며 이스라엘을 다스리시는 전능하신 하나님 자신에 대하여 불순종하는 것으로 여기셨다.

최근 나는 내가 투덜거리고 불만족 할 때마다 나의 영적인 상태를 수첩에 기록해 보았다. 불평이 가득했던 지난 한 주를 보내고 수첩을 보자니 역시나 마음이 씁쓸해진다.

차가 막혀서 (사실 내가 사는 곳은 상습정체지역이다) 예상했던 시간보다 10분이나 늦게 사무실에 도착하자, 나는 투덜거렸다. 점심에 자주 먹는 간식거리를 아내가 사놓지 않자, 나는 아내에게 불평을 했다. 중학생인 딸의 농구 시합에 스텝으로 자원하는 것을 적어 두었던 메모를 시합 바로 몇 시간 전에 발견하자, 나는 짜증을 냈다. 사무실에서 내가 탄 커피가 이도저도 아닌 맛이 나자, 나는 투덜거렸다. 어느 날 저녁, 회의참석차 교회에 갔는데 바닥을 청소하고 있던 중이라 다른 곳으로 회의장소를 옮기게 되자, 나는 불평을 했다. 아이들이 집안에서 뛰노는 시끄러운 소리가 서재에까지 들려서 설교 준비에 방해를 받자, 나는 투덜거렸다. 이 모든 것은 내가 수첩에 기록해 둔 투덜거림과 불만족 리스트의 시작에 불과했다!

이스라엘 백성이 광야에서 겪었던 역경에 비교한다면, 이 모든 것들은 아주 보잘 것 없는 사소한 일들에 불과하다. 이스라엘 백성은 그들에게 익숙했던 애굽에서 나와 아주 위험하면서도 살기에 적합하지 않는 광야로 들어갔다. 광야에 있는 그들에게는 집도 침실도 없을 뿐만 아니라 그 어떤 곳도 편안하지 않았다. 이렇게 불평할 수 밖에 없는 곳과 먹을 양식도 마실 물도 없는 상황이었음에도 불구하고 하나님은 그들의 불평을 자신에 대한 불순종으로 여기시는 것이다.

우리는 인생 가운데 다양한 삶의 고난을 맞이하게 된다. 어떤 일은 단지 작은 불편함 정도에 그치는가 하면, 또 어떤 일들은 견디기 힘들 만큼 큰 시련으로 다가오기도 한다. 특히 후자의 경우에 있어서 우리는 자신이 내뱉는 투덜거림과 불평하는 마음을 합리화하려는 경향이 있다. 그러나 하나님은 그조차도 합당한 것으로 여기지 않으신다.

우리의 어려움과 외적인 상황은 불만족의 근본적인 원인이 될 수 없다. 모든 투덜거림과 불평은 단지 부패한 우리의 마음이 그 부패한 마음을 스스로 드러내는 핑계에 불과하다. 보다 근본적인 문제는 우리 마음의 문제이다. 불순종이 우리의 마음 깊은 곳에 자리 잡고 있기 때문이고, 이 불순종은 하나님의 징계를 받을 만한 죄가 된다.

그러나 출애굽기 17장은 자기 백성을 향한 하나님의 은혜를 보여 준다. 하나님은 죄를 반드시 심판하시는 거룩하신 하나님이실 뿐만 아니라, 그의 백성들의 죄를 대신 지시는 은혜로운 하나님이시다. 그분은 우리가 지은 죄의 무게대로 우리를 다루지 않으시고, 자신의 사랑하는 자녀들처럼 은혜로 우리를 다스리신다.

2. 투덜거림과 불평은 하나님의 자녀라는 지위에 어울리지 않는다

이것이 우리가 빌립보서 2:14-16에서 배워야 할 두 번째 교훈이다. 즉 투덜거림과 불평은 하나님의 자녀 된 우리의 지위를 떨어뜨리는 것이다. 바울은 특히 15절에서 "너희가 흠이 없고 순전하여 어그러지고 거스르는 세대 가운데서 하나님의 흠 없는 자녀"라고 말한다. 하나님의 은혜와 모든 복의 부요함은 우리가 누리기에 부족함이 없다. 이 부요함은 하나님을 믿지 않는 자들이 경험할 수 없는 평안을 가져다준다. 버로스는 우리의 불평과 투덜거림이 마치 아이들이 장난감을 잃어버리고 생떼를 부리는 것과 같은 모습이라고 했다.

우리가 하나님에 대하여 불평하고 싶은 마음이 생길 때면 우리는 그런 마음을 잠시 멈추고 하나님이 우리에게 하신 일이 무엇인지 생각해 보아야 한다.

첫째, 하나님은 자기 자신으로 우리를 사셨다. 바울은 고린도전서 6:19-20에서 이렇게 말한다.

> 너희 몸은 너희가 하나님께로부터 받은 바 너희 가운데 계신 성령의 전인 줄을 알지 못하느냐 너희는 너희 자신의 것이 아니라 값으로 산 것이 되었으니 그런즉 너희 몸으로 하나님께 영광을 돌리라 (고전 6:19-20).

그 값은 바로 예수 그리스도의 죽음이다. 그는 십자가의 모진 고통을 감당하셨다. 아니 더 자세하게 우리의 죄 때문에 마땅히 우리가 받아야 할 하나님의 진노를 그가 받으셨다. 우리를 대속한 그 값은 아주 고귀한 것이다. 그리스도의 고난은 우리 인생 가운데 일어나는 모든 역경을 보잘 것 없는 것으로 만들며, 투덜거리고 불평하는 우리의 삶을 감사로 가득 채운다.

둘째, 하나님은 우리가 우리의 죄를 볼 수 있도록 지으셨다. 죄인은 자신의 죄의 무게를 보게 될 때 주님께로 돌아갈 수 있기 때문에, 우리가 우리의 죄를 볼 수 있다는 것은 커다란 축복이다. 게다가 이런 죄의 짐은 우리로 하여금 더욱 주님을 사랑할 수 있도록 한다. 예수님은 "사함을 받은 일이 적은 자는 적게 사랑하느니라"(눅 7:47)고 말씀하셨다. 그러나 결국 우리 죄의 짐은 인생의 다른 짐들을 떠오르게 한다. 이러한 삶의 일시적인 고통은 하나님의 영원한 진노를 받을 만한 중대한 죄의 무게와는 비교할 수 없는 것들이다. 고난이 다가올 때 우리의 관심을 자신에게로 돌려 자신의 마음을 계속해서 괴롭히는 죄를 찾아보아야 하며, 또한 우리 자신 밖으로 관심을 돌려 우리의 모든 죄를 대신 지신 주님을 바라볼 필요가 있다.

셋째, 하나님은 우리의 관심을 우리 자신들로부터 멀어지게 하신다. 우리의 이기심과 자아추구는 우리로 하여금 하나님을 신뢰하는 것과 그분께 돌이키는 것을 방해한다. 하나님은 우리를 그리스도 안에서 새로운 피조물로 만드시기 위해 우리의 자아를 부수신다. 즉 우리는 모든 것을 하나님께 맡겨야 한다. 그러나 불평하는 것은 우리가 완전히 포기하고 단념하지 못하도록 하는 것을 의미한다. 불평하는 것은 자아에 대한 행사권을 요구하는 것이자, 우리를 다스리시는 하나님께 순종하지 않으려는 것이다. 그러므로 우리는 하나님께서 처음 우리를 새롭게 하셨던 때를 매일매일 기억하고 경험시켜 주시도록 기도해야 할 필요가 있다.

넷째, 하나님은 모든 것을 우리에게 맡기셨다. 바울은 이를 자신의 편지에서 분명하게 여러 차례 강조한다. 다음의 성경구절들을 생각해 보라.

> 그런즉 누구든지 사람을 자랑하지 말라 만물이 다 너희 것임이라 바울이나 아볼로나 게바나 세계나 생명이나 사망이나 지금 것이나 장래 것이나 다 너희의 것이요 너희는 그리스도의 것이요 그리스도는 하나님의 것이니라(고전 3:21-23).

> 그런즉 이 일에 대하여 우리가 무슨 말 하리요 만일 하나님이 우리를 위하시면 누가 우리를 대적하리요 자기 아들을 아끼지 아니하시고 우리 모든 사람을 위하여 내주신 이가 어찌 그 아들과 함께 모든 것을 우리에게 주시지 아니하겠느냐(롬 8:31-32).

> 우리가 이 직분이 비방을 받지 않게 하려고 무엇에든지 아무에게도 거리끼지 않게 하고 오직 모든 일에 하나님의 일꾼으로 자천하여 많이 견디는 것과 환난과 궁핍과 고난과 매 맞음과 갇힘과 난동과 수고로움과 자지 못함과 먹지 못함 가운데서도 깨끗함과 지식과 오래 참음과 자비함과 성령의 감화와 거짓이 없는 사랑과 진리의 말씀과 하나님의 능력으로 의의 무기를 좌우에 가지고 영광과 욕됨으로 그러했으며 악한 이름과 아름다운 이름으로 그러했느니라 우리는 속이는 자 같으나 참되고 무명한 자 같으나 유명한 자요 죽은 자 같으나 보라 우리가 살아 있고 징계를 받는 자 같으나 죽임을 당하지 아니하고 근심하는 자 같으나 항상 기뻐하고 가난한자 같으나 많은 사람을 부요하게 하고 아무것도 없는 자 같으나 모든 것을 가진 자로다(고후 6:3-10).

위의 말씀들은 하나님이 우리에게 모든 것을 주셨다는 것을 가르친다. 우리 삶의 태도가 어떠해야 하는지를 말하는 것이며, 심지어 고린도후서 6장의 말씀처럼 고통과 고난 가운데서도 모든 것을 가진 자들처럼 행해야 한다는 것을 가르친다. 하지만 우리는 흔히 지나치게 좁은 마음으로 이 세상에서의 삶을 이해하곤 한다. 하나님이 우리에게 행하신 모든 것을 바라 볼 수 있는 더 큰 마음이 필요하다. 존 뉴턴은 이렇게 말한다.

> "엄청나게 큰 상속권을 받으러 길을 가고 있는 한 남자가 있다고 가정해 보자. 그런데 그 남자의 마차가 도착해야 할 곳을 얼마 남겨두지 않는 지점에서 고장이 나고 만다. 그리고 남자는 남은 길을 걸어가야만 했다. 그런데 만약 이 남자가 그냥 선 채로 '이런! 마차가 고장 났어. 내 마차가 고장 났다구!'라고 말하며 그 자리에서 울고만 있다면, 우리는 그를 참 어리석은 사람이라고 생각할 것이다."[3]

하나님은 우리에게 모든 것을 주셨는데 고난과 역경을 경험하는 그 순간에 우리는 왜 불평과 불만에 빠져 있어야만 하는가? 이 세상의 그 어떤 부유함도 하나님의 사람들을 위해 준비되어진 유업과는 비교할 수 없는 데 말이다.

---

[3] 리차드 세실, *Memory of the Rev. John Newton, in The Works of John Newton*, vol.1 (Edinburgh: The Banner of Truth Trust, 1985), 108.

3. 투덜거림은 우리가 그리스도를 증거하는 일을 방해한다

　마지막으로 빌립보서 2:14-16은 투덜거리는 것이 우리가 그리스도를 증거하는 일을 방해한다고 가르친다. 그리스도인의 삶은 끊임없이 세상을 향하는 것이며, 복음증거에 집중하는 것이라고 바울은 말한다. 이는 만족에 대하여 말하는 그의 가르침에서도 똑같이 나타난다. 우리는 이기적인 동기로 자신에게만 만족을 주는 것과 자신에게만 평안을 가져다주는 것을 추구해서는 안 된다. 우리는 모든 것을 복음증거의 목적을 가지고 생각해야 한다. 그리스도인의 만족은 하나님의 영광을 세상에 드러내는 것이다. 만족하는 그리스도인들을 통하여 하나님의 영광은 세상에 비춰게 된다. 바울은 빌립보서 2:15에서 이를 정확하게 지적한다.

　바울은 "하나님의 흠 없는 자녀로 세상에서 그들 가운데 빛들로 나타내며"라고 말한다. 문맥적으로 이 말은 그들의 모든 행동이 "투덜거림과 불평이 없이"라는 말에 달려 있다는 것을 보여 준다. 투덜거리는 하나님의 백성의 마음은 빛을 흐리게 하고, 불만족하는 마음은 그들이 하늘의 별과 같이 빛나는 것을 방해한다.

　복음증거를 위한 목적은 16절의 앞부분에서도 잘 나타난다. 대부분의 성경은 "생명의 말씀을 견고히 붙들어"라고 번역하지만, "생명의 말씀을 밖으로 비추어"라고도 번역 할 수 있다. 이것은 투덜거리고 불평하는 그리스도인들 때문에 교회가 세상에 복음을 전하는 복음사역을 방해하는 것을 의미한다.

　투덜거림이 왜 교회가 전하는 복음의 가치를 떨어뜨리게 하는가? 이에 대하여서 우리는 두 가지 이유를 생각해 볼 수 있다.

첫째, 불만족하는 마음은 자기 자신에 대하여 말하는 것이지 예수 그리스도를 선포하는 것이 아니다.

> 우리는 우리를 전파하는 것이 아니라 오직 그리스도 예수의 주 되신 것과 또 예수를 위하여 우리가 너희의 종 된 것을 전파함이라 (고후 4:5).

투덜거리고 불평하는 사람은 자기 자신에게만 집중하는 사람이다. 그러나 증인은 자신이 아니라 다른 사람을 전하는 사람이며, 그가 전하는 분은 바로 구주 예수 그리스도이시다.

둘째, 투덜거림은 우리를 이 세상에서 구별된 사람들이 아니라 이 세상에 속한 사람들과 마찬가지로 만들어 버린다. 불신자는 근본적으로 불만족하는 자들이다. 어거스틴은 "하나님 안에서 만족을 누리기 전까지 우리의 마음은 만족을 누릴 수 없다"고 말한다. 불신자의 마음은 이 세상으로는 절대 만족할 수 없는 갈증을 가지고 있다. 만족 없이 공허한 상태에 있는 사람들에게 교회는 해답을 제시해야 한다. 그것은 바로 하나님 안에서 만족과 평안을 얻고 하나님의 보호하심과 쉼을 누리는 마음이다.

우리 자신의 영혼의 유익을 위해서 뿐만 아니라, 하나님이 주시는 평안을 알지 못해서 버려지고 목말라하는 자들을 위해서 또한 우리는 만족을 추구해야 한다.

그렇다면 우리는 어떻게 거룩한 만족을 누릴 수 있는가? 이제 우리는 만족을 추구하는 방법으로 관심을 돌려야 한다. 거룩한 가치를 얻는 것은 거룩함을 필요로 하는 것이지 세상의 것과 세상의 방법을 필요로 하는 것이 아니라는 것을 깨달아야 한다.

생각해 볼 문제들

1. 혹시 다른 사람들의 눈에 당신은 투덜거리고 불평하는 사람으로 비춰지지 않습니까? 당신의 삶 속에서 일어나는 이러한 불평의 성향들을 살펴봅시다. 성경은 우리의 이런 불평하는 성향을 거룩한 불평이라고 말합니까? 아니면 만족하지 못하는 죄악 된 불평이라고 말합니까? 이러한 불평의 차이점은 무엇입니까?

2. 당신이 불평하는 이유는 자신의 부패한 마음 때문이 아니라 외적인 환경 때문이라고 생각합니까? 외적인 것이 아니라 부패한 마음 때문이라는 생각을 고칠 수 있는 방법에는 어떤 것들이 있습니까?

3. 당신은 투덜거림과 불평 때문에 그리스도를 증거하는 일에 방해를 받았던 경험이 있습니까? 만약 있다면 그런 상황을 어떻게 다시 그리스도를 증거하는 기회로 바꾸었는지 생각해 봅시다.

4. 투덜거림과 불평은 뒤로하고 우리 자신을 예수 그리스도께 드리려면 어떻게 해야 합니까? 하나님이 베푸신 은혜에 감사하며 기도하는 시간을 가져 봅시다. 그리고 그 모든 투덜거림과 불평들을 그분께 완전히 맡겨 봅시다.

2부

만족의 비결

THE SECRET OF CONTENTMENT

4장

불만족하는 상황에서의
그리스도인의 만족

어느 날 한 친구가 나에게 이렇게 물었다. "빌립보서 4장에서 바울은 매우 만족하고 있는 것처럼 말하지만, 3장으로 돌아가 보면 전혀 만족해하지 않는 것 같은데, 어떻게 그럴 수가 있지?" 사실, 이는 놀라운 대조이다. 바울은 빌립보서 4:11-13에서 어떤 상황에서도 만족할 수 있는 일체의 비결을 배웠다고 말한다. 그러나 바로 앞장 3:12-14에서의 바울의 말을 들어 보자.

> 내가 이미 얻었다 함도 아니요 온전히 이루었다 함도 아니라 오직 내가 그리스도 예수께 잡힌 바 된 그것을 잡으려고 달려가노라 형제들아 나는 아직 내가 잡은 줄로 여기지 아니하고 오직 한 일 즉 뒤에 있는 것은 잊어버리고 앞에 있는 것을 잡으려고 푯대를

향하여 그리스도 예수 안에서 하나님이 위에서 부르신 부름의 상을 위하여 달려가노라(빌 3:12-14).

이 본문에 나타난 바울의 표현은 마치 우리가 이 장에서 살펴볼 것과는 대조적인 내용으로 보인다. 여기서 바울은 분명하게 만족하지 못하고 있다. 그는 아직 얻지 못했다. 그는 쫓아가고 있으며 앞에 있는 것을 잡으려고 한다. 이것은 만족하지 못하는 모습이 아닌가?

바울이 같은 편지 안에서 자신을 모순된 사람으로 묘사하려고 했다는 것은 그럴듯 하지 않다. 오히려 바울이 3장에서 말하는 만족하지 못하는 추구는 4장에서 말하는 만족과 직접적인 관계가 분명히 있을 것이다. 이는 거룩한 불만족은 그리스도인의 만족의 신비스러운 한 부분이라는 것을 보여 준다. 불만족이 만족으로 향하는 하나의 길이 될 수 있다는 사실은 우리에게 이상하게 들릴지도 모른다. 그러나 빌립보서 4:11-13에서 살펴본 것 같이 만족은 자연적으로 이루어지는 것이 아니다. 우리가 추구하는 성경적인 만족은 우리의 인간적인 생각, 방법과는 너무나 다르다. 만족은 그야말로 신비한 것이다. 우리는 만족을 이루려는 마음을 계속 추구해야 한다.

빌립보서 3:12-14의 만족하지 못하고 계속해서 만족을 추구하고 있는 자신의 모습을 표현한 바울의 말들을 좀 더 자세히 살펴보자. 그리고 만족을 추구하는 바울의 방법을 우리 자신에게 적용해 보자.

1. 만족하는 그리스도인은 만족하지 못하는 그리스도인이다

이 본문은 우리가 자신의 일에 만족하지 않을 때, 그때 가장 만족한다는 것을 가르친다. 나이가 든 바울은 이제 삶의 마지막을 바라보고 있다. 오랫동안 그리스도인으로 살아왔지만 아직 바울은 자신이 바라는 것을 이루지 못했고, 계속해서 그것을 이루기 위해 쫓아가고 있다.

12절에서 바울은 아직 "그것"을 이루지 못했다고 말하는 것을 볼 수 있다. 우리는 앞 단락으로 돌아가 바울이 여기서 말하는 "그것"이 무엇인지 살펴볼 필요가 있다. "그것"은 바로 "예수 그리스도에 관한 지식"이다. 바울은 자신이 바라는 것에 대하여 다음과 같이 말한다.

> 내가 그리스도와 그 부활의 권능과 그 고난에 참여함을 알고자 하여 그의 죽으심을 본받아(빌 3:10).

바울이 쫓아가려고 애쓰는 것은 예수 그리스도를 알게 되는 것과 예수 그리스도의 고난과 죽으심 안에서 그리스도와 같이 되는 것이다. 궁극적으로 "죽음에서 부활"(빌 3:11)에 이르는 것이다.

따라서 만족하는 그리스도인이야 말로 세상에서 가장 만족하는 사람인 동시에, 가장 만족하지 못하는 사람이기도 하다. 바울은 그리스도를 더욱 알기를, 그에 대하여 정통하는 지식을 갖기를, 그의 형상을 닮아가기를, 그의 사역을 그리스도와 함께 하기를 원했던 것이다. 이와 같은 영광스러운 바람은 그리스도인 스스로가 바라는 것으로는 결코 이룰 수 없는 것이다. 그는 언제나 더 원하게 될 것이다. 이러한 바램을 버로스는 다음과 같이 표현한다.

> "하나님이 받으실 만한 영혼은 다른 것이 아닌 하나님으로 가득 채움을 받은 영혼이다."[1]

하나님이 오셔서 한 죄인의 마음을 변화시키실 때, 그는 믿음으로 하나님을 알게 되며 하나님은 그에게 하나님을 향한 갈급함을 주신다. 이 세상의 것은 하나님을 만족시킬 수 없다. 살아계신 하나님과의 참된 교제에 비할 때, 이 세상에서의 그 어떤 영광과 부요함과 친밀한 관계와 평화로운 풍경은 무색해지기 마련이다. 하나님과의 참된 교제야 말로 그리스도인들이 좇아야 하는 것이다.

시편기자는 자신의 영적 갈급함이 해소될 때까지 하나님과의 교제를 원한다.

> 하나님이여 사슴이 시냇물을 찾기에 갈급함 같이
> 내 영혼이 주를 찾기에 갈급하나이다
> 내 영혼이 하나님 곧 살아 계시는 하나님을 갈망하니
> 내가 어느 때에 나아가서 하나님의 얼굴을 뵈올까(시 42:1-2).

또 다른 시편에 나타난 고백을 들어 보자.

> 하늘에서는 주 외에 누가 내게 있으리요

---

[1] 제러마이어 버로스, 『만족: 그리스도인의 귀한 보물』, 43.

땅에서는 주 밖에 내가 사모할 이 없나이다
내 육체와 마음은 쇠약하나
하나님은 내 마음의 반석이시오 영원한 분깃이니라(시 73:25-26).

이러한 고백은 하나님을 알고 있을 뿐만 아니라 더욱더 하나님을 알아가기 원하며 만족하는 그리스도인들의 부르짖음이다. 이와 같이 하나님을 알고 하나님과의 교제를 더욱 갈망하는 삶 가운데서 우리는 하나님과의 달콤한 교제를 경험할 수 있다. 그러나 이 세상을 사는 동안 우리는 하나님을 완전히 다 알 수 없다. 어거스틴은 이렇게 말했다. "그 깊이는 보고 있지만 그 바닥은 찾을 수 없다." 만족하는 그리스도인들은 하나님을 더욱더 알기 위해 쫓아가며 하나님을 실제로 대면할 그날을 바라고 기대한다.

토마스 켈리(Thomas Kelly)의 찬송시를 들어 보자.

"주여
우리를 지키소서
우리를 당신에게 붙드소서
더욱더 신뢰함으로
약속된 기쁨을 당신과 함께 받을 때까지.

그때에 우리는 우리가 원하는 곳에 있을 것이며
그때에 우리는 우리가 되어야 하는 것이 될 것이며
지금 있지 아니하는 것들과 할 수 없는 것들이
곧 우리의 것이 될 것임이라."[2]

---

[2] 토마스 켈리, "Praise the Savior, Ye Who Know Him," 1806.

2. 만족하는 그리스도인은 한 가지 일에 전념하는 그리스도인이다

빌립보서 3:12-14은 우리에게 "한 가지" 일을 좇는 것에 전념하라고 한다. 바울은 13절에서 "오직 한 일"이라고 말한다. 오직 한 일. 성경의 다른 곳에서도 역시 "한 일"에 대하여 언급하는 것을 볼 수 있다. 다윗은 "내가 여호와께 바라는 한 가지 일 그것을 구하리니 곧 내가 내 평생에 여호와의 집에 살면서 여호와의 아름다움을 바라보며 그의 성전에서 사모하는 그것이라"(시 27:4). 이러한 바람은 바울이 빌립보서 3장에서 말하는 것과 비슷하다. 이 두 본문은 모두 하나님을 더욱더 알기 원하는 그리스도인들의 마음을 잘 표현하고 있다.

누가복음 10장에서 우리는 마리아와 마르다의 집을 찾아오신 예수님의 이야기를 볼 수 있다. 많은 일들을 준비하느라 분주한 마르다와 달리 마리아는 예수님의 발아래 앉아 가르침을 듣는다. 그때 마르다가 짜증이 난 듯 불평하며 마리아가 와서 일을 도와주기를 예수님께 요청한다. 이에 예수님은 마르다에게 말씀하신다.

> 마르다야 마르다야 네가 많은 일로 염려하고 근심하나 몇 가지만 하든지 혹은 한 가지만이라도 족하니라 마리아는 이 좋은 편을 택하였으니 빼앗기지 아니하리라(눅 10:41-42).

"한 가지 일"은 곧 예수 그리스도와 사귐을 갖는 것과 그분으로부터 배우는 데 반드시 필요한 것이다.

마르다는 아주 좋은 일을 했다. 마르다는 예수님을 섬겼다. 그러나 마르다는 그녀가 준비하는 일들로 인해 마음을 빼앗겼다. 마르다와 같이 우리도 특심으로 그리스도를 섬기지만 정말로 중요한 것을 놓치는 때가 있다. 다른 곳에 관심을 빼앗긴 채 "한 일"을 보지 못하고 놓칠 수 있다. 우리가 원하는 최상의 것들을 선택하느라 예수님을 놓치는 경우가 얼마나 많이 있는가?

우리는 지금까지 "오직 한 일"에 관하여 교훈하는 세 가지 본문을 살펴보았다. 하지만 우리는 이 본문들이 각각의 문맥 안에서 어떤 의미를 갖는지 더 자세히 살펴볼 필요가 있다. 시편 27편은 예배 중 "한 가지 일"을 좇으라고 말한다. 곧 주님의 집에 거하는 것이며 그의 아름다움을 바라보는 것이고 그의 성전을 사모하는 것이다. 누가복음 10장은 마리아가 앉아서 예수님의 가르침을 듣고 있는 장면이다. 그러나 빌립보서 3장의 문맥은 바울이 자신의 사역에 관하여 말하고 있다. 다시 말해서 시편과 누가복음의 상황이 우리가 흔히 말하는 "정적주의"[3]의 예라면, 세 번째 예인 빌립보서에 나타나는 바울의 자세는 적극적으로 실천하는 상황 가운데에서의 "한 가지 일"을 추구하는 것이 분명하다.

세 가지 본문은 모두 그리스도를 알기 원하며 그의 형상을 닮아 가기 원하는 동일한 목표를 가지고 있다. 그러나 하나님은 그와 같은 목표를 추구하는 데 있어서 우리에게 다양한 방법들을 주셨다. 예배를 드리는 시간과 성경을 배우는 시간이 있는가 하면, 열정적으로 사역을 하는 시간이 있다. 물론 우리가 이렇게 다양한 방법을 추구한다 할지라도 우리에게 필요한 그 "한 가지 일"은 궁

---

3 소극적인 자세로 신앙을 추구하는 것이다(역자주).

극적으로 예수 그리스도를 더욱 깊이 알아가는 것과 그의 형상을 닮아가는 것이다.

이방인의 사도가 된 바울의 주된 사역은 복음을 전파하며 제자를 삼고 교회를 세우는 복음사역이었다. 즉 그는 그리스도가 알려지기를 원했다. 오늘날의 많은 교회에는 다음과 같은 비전 선언문이 있을 것이다. "그리스도를 아는 것과 그리스도를 알리는 것." 이는 매우 성경적인 비전이자 목표이다. 우리 역시 빌립보서에서 바울의 목표를 "그리스도를 알려지게 함으로써 그리스도를 아는 것"으로 요약해 볼 수 있다.

빌립보서 3:10에서 그리스도를 아는 것은 "그의 부활의 권능과 그의 고난에 참여하는 것을 아는 것이다." 이는 십자가에서 돌아가신 그리스도와 같이 되는 것이다. 즉 그리스도를 아는 지식은 그리스도인의 삶에서 고통과 고난을 수반한다는 것이다. 이 사실은 우리를 빌립보서 3:12-14의 세 번째 교훈으로 이끌어준다.

3. 만족하는 그리스도인은 하늘의 푯대를 향하여 달려가는 그리스도인이다

만족하는 그리스도인은 그리스도를 알기 위해 끊임없이 노력하며 하늘의 푯대를 향해 달려간다. 다시 한번 빌립보서 3:13-14의 바울의 말을 들어 보자.

⋯나는 아직 내가 잡은 줄로 여기지 아니하고 오직 한 일 즉 뒤에 있는 것은 잊어버리고 앞에 있는 것을 잡으려고 푯대를 향하여

그리스도 예수 안에서 하나님이 위에서 부르신 부름의 상을 위하여 달려가노라(빌 3:13-14).

바울이 사용한 "푯대를 향하여 달려가다"라는 표현은 고통, 분투, 노력, 훈련 등을 의미한다. 어떤 사전은 여기서 사용된 헬라어 단어("달려가다")를 "최고에 이르기 위해 노력하는 것 또는 자신을 펼치는 것"이라 정의한다.

이 단어를 생각하며 우리가 떠올릴 수 있는 장면은 달리기 선수가 마지막 결승점을 향해 전력질주하는 모습이다. 목표를 향해 마지막 남은 힘을 모두 쏟아 붓는 모습이다. 그리고 결승점이 가까워질수록 첫 번째로 결승점을 통과하기 위해서 더욱 힘을 다하는 것이다. 우리 가족도 모두 이 경주선 상에 서있다(아들도 나와 함께 서있다). 선수들이 결승점을 통과하는 모습과 통과하고 나는 지친 몸으로 힘없이 주저앉는 모습도 우리는 익히 보았다.

바울은 그리 쉽지만은 않은 그리스도인의 삶을 두고 말하는 것이다. 그리스도인의 삶은 성실, 훈련, 대단한 노력을 필요로 한다. 우리 스스로는 갈 수 없을 것이라고 생각되는 길을 달려가는 것으로 삶은 아주 큰 고통, 곧 희생으로부터 오는 고통, 세상의 박해와 조롱으로부터 오는 고통을 수반한다.

영국의 한 육상 선수 데릭 레드몬드(Derrick Redmond)는 1992년 하계 올림픽 400미터 경기의 유력한 우승후보였다. 레드몬드의 출발은 매우 좋았다. 그런데 출발점을 지나 반대편 트랙으로 달리기 시작할 때쯤 그는 갑자기 바닥에 쓰러지고 말았다. 다리 뒤쪽 근육이 파열되었던 것이다. 바닥에 쓰러져 다리를 부여잡고 큰 고통을 호소하고 있는 동안, 나머지 주자들은 트랙을 돌아 결승점을 향해 마지막 전력질주를 했다.

쓰러져있던 레드몬드는 다시 일어나더니 성한 한 쪽 다리로 깡충깡충 뛰다가 또 발을 바꾸어 아픈 다리로 절름거리기를 번갈아 하며 남은 트랙을 돌기 시작했다. 경주를 마치고자 하는 그의 마음이 간절하게 느껴졌다.

레드몬드가 마지막 트랙을 남겨두었을 때 모든 관중은 자리에서 일어나 그를 응원하기 시작했다. 그때 그의 아버지가 트랙 안으로 뛰어 들어왔고 아들을 잠시 동안 안아 주었다. 그리고 아버지가 아들을 부축한 채 두 사람은 결승점을 통과했다.

데릭 레드몬드는 그날 경기에서 우승하지 못했다. 그러나 아픔과 고통에도 불구하고 그는 달렸고 경기를 마칠 수 있었다. 레드몬드는 수많은 경기에서 우승을 차지한 챔피언이었지만, 그날은 자신의 경주를 마치는 것에 최선을 다했다.

이와 마찬가지로 바울은 푯대를 향해 달려간다고 말하고 있다. 데릭 레드몬드는 이 땅의 목표를 향해 달렸지만 그리스도인은 하늘의 목표를 향해 달린다.

> 푯대를 향하여 그리스도 예수 안에서 하나님이 위에서 부르신 부름의 상을 위하여 달려 가노라(빌 3:14).

바울은 3장 후반부에서 빌립보 교인들에게 이렇게 말한다. "우리의 시민권은 하늘에 있는지라"(20절). 달음질하고 있는 우리에게 중요한 것은, 우리가 이 땅에서 그리스도의 일을 감당하는 동안 이 세상은 궁극적으로 우리의 집이 아니라는 것을 기억하는 것이다. 우리의 눈은 하늘을 향해 고정되어야 한다. 7장 "하늘을 사모하는 만족"에서 이 주제를 더 자세히 살펴보도록 하자.

빌립보서 3:12-14의 마지막 교훈은, 그리스도인들이 그리스도를 더욱 알기를 원하고 하늘의 푯대를 향해 달음질할 수 있는 이유가 예수 그리스도께서 그들을 붙들고 계시기 때문이라는 사실이다(빌 3:12). 바울에게 있어서 하나님의 은혜는 항상 최고의 것이었다. 우리가 그리스도를 위하여 일하는 이유는 그리스도가 우리를 자신의 것으로 부르셨으며 그리스도가 우리 안에서 역사하고 계시기 때문이다.

그래서 바울은 2장에서 "두렵고 떨림으로 너희 구원을 이루라 [왜냐하면] 너희 안에서 행하시는 이는 하나님이시기 때문에 그가 자기의 기쁘신 뜻을 위하여 너희에게 소원을 두고 행하게 하신다"(빌 2:12-13)고 말하는 것이다. 그리스도인들의 수고는 열매 맺지 못하는 무익한 것도 아니며 헛되이 바람을 잡으려는 것도 아니다. 우리는 우리의 구원을 위해 필요한 사역을 그리스도께서 이미 이루셨다는 것을 잘 알고 있다. 그분께서 우리를 만드셨고 우리는 그분께 속해있다. 하나님은 그리스도와 그의 성령을 통하여 하나님이 우리에게 주신 사명들을 완성하도록 우리를 통하여 계속 일하신다.

이는 우리의 마음을 잠잠하게 하며, 고통 받는 영혼에게 평안을 가져다준다. 보호하시며 영생을 보장해주시는 그리스도 안에서 평안을 누리며 만족하는 그리스도인들은 예수 그리스도를 더 알기 위해 계속해서 달음질한다. 이것이 바로 참된 평안으로 향하는 유일한 길이며, 만족하지만 아직 만족하지 못하는 참된 만족의 비결이다.

북아프리카 무슬림지역 선교사였던 레이몬드 룰(Raymond Lull)은 그리스도를 알기 위하여 달음질하며 그의 고난을 함께 나누었던 사람이다. 그의 나이 79세에 유럽에서 아랍어를 가르치고 있던 룰은 북아프리카로 돌아가고 싶다는 마음에 이끌렸다. 룰의 전기 작가인 사무엘 즈윔머(Samuel Zwemer)는 다음과 같이 기록한다.

"룰의 제자들과 친구들은 그가 남은 여생을 학문을 연구하고 친구들과 교제하며 평안한 가운데 보내기를 원했다.

그러나 룰은 그런 삶을 바라지 않았다. 그의 꿈은 학문을 가르치는 교수가 아닌, 선교사로 죽는 것이었다. 룰의 인생철학은 '생명으로 사는 자는 죽지 않는다'라는 것이었다. 우리가 읽었던 룰의 묵상집에서 그는 '오, 주여…인간은 죽기 마련입니다. 인간은 오래 전부터 본래의 따뜻함을 잃어 버렸고 지나치게 차가워 졌지만 그럼에도 당신이 원하신다면, 당신의 종이 죽지 않기를 바라신다면 사랑의 빛을 발하며 죽기를 원합니다. 마치 당신이 아버지를 위해 기꺼이 죽으신 것처럼….'

1291년, 많은 위험과 고난들로 인해 룰은 유럽으로 돌아와야 했다. 하지만 오히려 그 위험과 고난들은 룰이 1314년에 다시 한번 더 북아프리카를 방문하도록 했다. 그의 사랑은 차가운 것이 아니라 더 밝게 불타는 것이었다. 그는 단지 순교자의 면류관만 소망했던 것이 아니라, 아프리카에 있는 작은 믿음의 무리들을 다시 보기 원했던 것이다. 이런 마음으로 활력이 넘쳤던 룰은 8월 14일 북아프리카의 부기아로 향했고, 소수의 회심자들 사이에서 거의 1년 가까운 기간 동안 비밀리에 사역을 하였다. 이 소수의 무리는 룰이 예전에 이곳을 방문했을 때 그리스도께로 이끌었던 사람들이었다….

고립된 사역에 지친 룰은 마침내 순교를 소망하는 마음으로 일전에 자신을 쫓아 버렸던 마을의 시장으로 가 자신의 모습을 드러냈다. 마치 엘리야가 자신을 쫓아내었던 폭군 아합왕 앞에 다시 나타났던 것처럼 말이다. 그는 마을 사람들 앞에 서서 만약 그들이 계속하여 자신들의 죄를 고집한다면 하나님의 진노가 임할 것이라고 전하였다. 그는 사랑으로 간청하며 모든 진리를 분명하게 선포하였다. 하지만 그 결과는 불을 보듯 뻔한 일이었다. 뜨거운 열정으로 가득 찬 그의 담대한 설교로 인해 어떤 사람도 아무런 대답을 할 수 없었다. 대신 그들은 룰을 붙들어 마을 밖으로 끌고 갔다. 그리고 자신들의 법에 따라 왕의 묵인과 함께 룰은 1315년 6월 30일 돌에 맞아 죽었다."[4]

레이몬드 룰은 여든의 나이로 순교하였다. 오래전 사도 바울과 같이 룰은 이미 이루어진 일들을 위해 달려가기를 멈추지 않았다. 그는 그리스도 예수 안에서 하나님이 부르시는 부름의 상을 위하여 달려갔다. 그리스도를 향한 룰의 사랑과 그리스도 안에서의 영생의 확신은 그리스도를 전함으로써 그리스도를 배우는 곳으로 자신을 내몰았고 심지어 죽음을 바라보며 담대히 달려가도록 이끌었다. 이것이 바로 거룩한 불만족이다.

다니엘은 우리에게 말한다. "오직 자기의 하나님을 아는 백성은

---

[4] 사무엘 즈윔머, *Raymond Lull: First Missionary to the Moslems* (New York: Fleming H. Revell, 1902), 132-45.

강하여 용맹을 떨치리라"(단 11:32). 만족하는 그리스도인은 헌신적인 섬김을 통하여 자신이 믿는 하나님을 알게 되며 더욱 깊이 하나님을 알기 원하는 사람이다.

생각해 볼 문제들

1. 만족하는 그리스도인이라는 말은 불만족하는 그리스도인이라는 말과는 분명히 대조적으로 들립니다. 혹 당신은 그리스도를 더 알아가기 위해서 노력하는 신앙생활 가운데 만족과 평안을 경험한 적이 있습니까?

2. 예수를 믿는 당신의 삶 가운데서 그리스도를 아는 "오직 한 가지" 일로부터 다른 곳에 마음을 빼앗겨 본 경험이 있습니까? 하나님은 다양한 일을 위해서 당신을 부르셨습니다. 그렇다면 어떻게 다양한 일을 하면서 "한 가지"일에만 전념할 수 있습니까?

3. 그리스도인의 삶을 매우 혼란스럽게 하고 고통스럽게 하는 것들은 무엇입니까? 이런 상황 가운데서 당신은 어떻게 다른 사람들을 권면하고, 또 다른 사람들로부터는 어떤 권면을 받습니까?

4. 하나님은 당신이 예수 그리스도를 전함으로 그를 알아가도록 하신 것 그리고 이와 같은 방식으로 하나님을 섬기도록 당신을 부르셨다는 것을 인정합니까?

5장

고난 가운데서 만족 찾기

고난은 우리의 만족을 방해하는 가장 커다란 장애물이다. 우리는 세상에서 실패를 경험할 때 하나님을 신뢰하는 믿음이 흔들리며 마음의 평안을 잃어버린다. 신앙이 도전받는 것이다. 따라서 우리는 만족의 깊이에 관하여 배워야 할 필요가 있다.

아플 때, 암 선고를 받을 때, 직장을 잃게 될 때, 사랑하는 자녀를 먼저 저 세상으로 보내게 될 때, 억울한 누명을 쓰고 자신과 가족들이 수치를 당하게 될 때 우리는 어떻게 반응하는가?

바울은 삶의 어떤 상황에서든지, 아니 모든 삶 가운데서 만족하는 비결을 배워왔다. 이러한 바울의 모습은 그가 감옥생활을 하는 동안 쓴 빌립보서와 같은 기쁨의 편지에서 잘 나타난다. 무엇이 바울로 하여금 고난과 역경을 견디게 했을까? 바울은 어떻게 그

극심한 고난과 역경 속에서 만족을 찾을 수 있었을까?

고난에도 불구하고 바울이 만족할 수 있었던 중요한 이유는 고난은 "분명히 발생할 수밖에 없다는"(필수불가결한 것이라는) 그가 가진 고난에 대한 이해 때문이었다. 바울이 회심을 할 때 그리스도께서는 이를 분명히 말씀하셨다. 사도행전 9장에서 바울은 다메섹으로 가던 길에서 자신에게 나타나신 예수님을 만났다. 이후에 예수님은 아나니아로 바울에게 가서 그의 손으로 바울의 눈에 안수하라고 하셨다. 하지만 아나니아는 바울을 두려워한 나머지 자신의 안전을 핑계로 바울에게 가기를 주저했다. 그러나 예수님은 아나니아에게 이렇게 말씀하셨습니다.

> 가라 이 사람은 내 이름을 이방인과 임금들과 이스라엘 자손들에게 전하기 위하여 택한 나의 그릇이라 그가 나의 이름을 위하여 얼마나 고난을 받아야 할 것을 내가 그에게 보이리라(행 9:15-16).

바울의 회심은 복음사역으로의 부르심이자 고난으로의 부르심이기도 했다. 바울은 자신의 고난을 그의 복음사역과 편지들에 그대로 반영했다. 바울은 자신의 고통뿐만 아니라 모든 그리스도인이 필연적으로 받아야 하는 고통에 대하여 말했다.

바울은 루스드라와 이고니온과 안디옥에 새롭게 세워진 교회로 가서 이렇게 가르쳤다. "우리가 하나님의 나라에 들어가려면 많은 환난을 겪어야 할 것이라"(행 14:22). 뿐만 아니라 그가 아들같이 여기는 디모데에게 "무릇 그리스도 예수 안에서 경건하게 살고자 하는 자는 박해를 받으리라"(딤후 3:12)고 말했다. 왜냐하면 고난을 경험하는 것은 필연적이기 때문이다. 그러나 한편으로 고난은 필연적인 이유를 넘어서 하나님의 선물이기도 하다. 바울은 빌립보 교회에게 말하기를 "그리스도를 위하여 너희에게 은혜를 주신 것은 다만 그를 믿을 뿐만 아니라 또한 그를 위하여 고난도 받게 하려 하심이라"(빌 1:29)고 했다. 예수를 믿는 것과 고난받는 것은 모두 "주신 것"으로, 곧 하나님이 주신 은혜를 말한다.

우리는 앞서 바울이 그리스도와 그의 부활의 권능과 고난에 참여함을 알고자했다는 것을 살펴보았다(빌 3:11). 바울이 그리스도의 고난에 참여하는 것은 그리스도와 신자의 연합의 한 부분이자, 바울의 여러 편지들에 두드러지게 나타나는 특징이다. 예수님이 "사울아 사울아 네가 어찌하여 나를 박해하느냐"라고 바울에게 물으실 때, 바울은 다메섹으로 가는 길에서 이를 아주 잘 배웠다. 바울은 그리스도인을 박해했는데 예수님은 "나를 박해하느냐"라고 말씀하심으로써, 바울은 그리스도인들이 예수님과 연합되어 있다는 것을 배웠다. 그러므로 그리스도인들이 고난을 받는 것은 곧 그리스도께서 고난을 당하시는 것이다.

예수님은 그리스도인들의 고난이 자신의 고난과 관련이 있다는 것을 직접 가르치셨다. 예수님은 제자들에게 말씀하셨다.

> 세상이 너희를 미워하면 너희보다 먼저 나를 미워한 줄 알라(요 15:18-19).
>
> 사람들이 나를 박해하였은즉 너희도 박해할 것이라(요 15:20).

그리고 한 번 더 그들에게 가르치시기를 "세상에서 너희가 환난을 당하나 담대하라 내가 세상을 이겼노라"(요 16:33)고 하셨다.

그리스도인들에게 고난과 역경을 경험하는 것은 필수불가결하다는 것임을 알아야 한다. 한편으로 고난은 모든 고통을 포함한다. 질병, 관계의 실패, 사랑하는 사람의 죽음, 실패와 좌절은 모두 피할 수 없는 것들이다. 이 모든 것은 타락한 세상에서 살아가는 인생의 한 단면을 보여주는 것에 불과하다. 그러나 그리스도인은 이러한 고통 외에도 다른 종류의 고난을 받을 것이다. 이와 같이 다른 종류, 곧 본질적인 고통을 경험하는 것은 우리가 고난 가운데서 만족을 찾기 위해 투쟁하는 중요한 요소이다.

우리는 자신의 고통에 대하여 말하고 있는 바울을 살펴봄으로써 더욱 많은 것을 배울 수 있을 것이다. 빌립보서 1장에서 바울은 현재 감옥에 있는 자신의 상황을 보여 준다.

> 형제들아 내가 당한 일이 도리어 복음 전파에 진전이 된 줄을 너희가 알기를 원하노라 이러므로 나의 매임이 그리스도 안에서 모든 시위대 안과 그 밖의 모든 사람에게 나타났으니 형제 중 다수가 나의 매임으로 말미암아 주 안에서 신뢰함으로 겁 없이 하나님의 말씀을 더욱 담대히 전하게 되었느니라 어떤 이들은 투기와 분쟁으로 어떤 이들은 착한 뜻으로 그리스도를 전파하나니 이들은 내가 복음을 변증하기 위하여 세우심을 받을 줄 알고 사랑으로 하나 그들은 나의 매임에 괴로움을 더하게 할 줄로 생각하여 순수하지 못하게 다툼으로 그리스도를 전파하느니라 그러면 무엇이냐 겉치레로 하나 참으로 하나 무슨 방도로 하든지 전파되는 것은 그리스도니 이로써 나는 기뻐하고 또한 기뻐하리라(빌 1:12-18).

우리는 바울의 이 말로부터 몇 가지 교훈을 배울 수 있다.

1. 고난이 은혜로 변할 때 만족이 온다

먼저, 고난 가운데 누리는 만족은 하나님이 우리의 고난 가운데서 어떻게 일하고 계시는지를 생각할 때 누릴 수 있다. 우리가 이러한 만족을 경험할 때, 고난을 좌절이나 실패로 여기지 않고 오히려 이 모든 고난이 하나님으로부터 온 은혜로 생각하게 된다.

바울은 그가 비록 감옥에 있지만 복음은 매이지 아니하고 오히려 더욱 담대하게 전해졌다고 말한다. 먼저는 복음이 시위대 사이에 전해졌다. 이 시위대는 특별히 선발된 군인들로 중요한 사건의 경비를 맡으며 일반적으로 두 배의 보수를 받았다. 바울은 수감됨으로 이와 같은 엘리트 군인들을 만나서 복음을 전할 수 있는 특별한 기회를 가질 수 있었고, 또한 시위대 군인들뿐만 아니라 그들을 통하여 다른 사람들까지도 만날 수 있었다.

더욱이 바울의 수감은 다른 그리스도인들이 복음을 담대하게 전하도록 용기를 주었다. 바울이 감옥에 억류되어 있는 동안, 밖에 있는 그리스도인들이 일어나 예수 그리스도를 전했다. 그들은 바울의 수감으로 인해 두려움으로부터 벗어나 용기를 얻어 바울이 하지 못하는 일들을 감당했다.

잠시 화제를 돌리자면, 이러한 일들은 전 세대를 걸쳐 교회 안에서 반복적으로 일어나고 있다. 몇 년 전 콜롬비아의 위클리프 성경 번역회 출신인 제트 비덜만(Chet Bitterman) 선교사는 무장단

체들에게 7주 동안이나 인질로 붙잡혀 있다가, 결국 총에 맞아 목숨을 잃었다. 이 사건으로 다른 그리스도인들이 선교지로 나가는 것을 포기했을까? 우리의 생각과는 달리, 이듬해 위클리프 선교회는 해외 선교를 지망하는 사람들의 수가 두 배로 늘었다는 보고서를 내놓았다. 이에 우리는 "순교자들의 피는 교회의 씨앗이다"[1]라는 터툴리안의 유명한 말을 떠올릴 수 있다. 하나님은 자신의 뜻을 이루시기 위하여 고난이라는 잿더미 가운데서 아주 강한 군사들을 계속해서 일으키고 계신다.

그러나 이것은 역경과 고난 속에 일하시는 하나님을 이해하는 데 있어서 한 가지 예화일 뿐이다. 우리 자신의 고난에 집중하는 것과 그 고난을 하나님으로부터 온 은혜로 이해하는 것은 전혀 다른 것이다. 우리에게는 후자의 관점이 필요하다.

히브리서 12장은 고난을 하나님의 징계로 받으라고 우리에게 말한다. 이 본문은 하나님의 주권에 대하여 매우 중요한 것을 가르친다. 마음이 고난을 당하는 것도 박해를 받는 것이다. 이것은 분명히 하나님을 믿지 않는 악한 자들이 주는 고난이다. 그러나 히브리서 기자는 그와 같은 박해 역시 하나님으로부터 왔다는 것을 말하고 있다. 아버지가 사랑하는 자녀들에게 징계를 내리듯이 하나님도 자녀 된 우리에게 징계를 내리신다.

우리는 시험이 타락한 인간에게서 왔을 뿐만 아니라 하나님으로부터 왔다는 것을 인정하지 않으려고 한다. 그러나 이는 성경이 우리에게 가르치는 바이다. 요셉의 형제들은 요셉을 미워하여 그

---

[1] 터툴리안, *Apologeticus*, 30.

를 학대하고 노예로 팔아버렸다. 요셉은 자신의 상황들이 형들의 사악한 행동의 결과라는 것을 알고 있었지만, 또 한편으로는 이 모든 것을 계획하신 분이 하나님이시라는 사실도 알고 있었다.

> 당신들은 나를 해하려 하였으나 하나님은 그것을 선으로 바꾸사 (창 50:20).

우리의 고난을 은혜로 바꾸는 데 있어서 중요한 것은 하나님이 모든 상황을 다스리고 계신다는 생각을 잃지 않는 것이다. 그리고 하나님은 모든 것을 당신의 영광과 우리 영혼의 유익을 위해 행하신다는 것을 기억하는 것이다. 우리는 존 칼빈(John Calvin)이 아들의 죽음으로 인한 자신의 슬픔을 표현한 글에서 고난에 대한 이와 비슷한 표현을 볼 수 있다. 칼빈은 아들의 죽음 앞에서 자신의 비탄한 마음을 표현한 후에 하나님에 대해서 이렇게 기록했다.

> "그러나 하나님은 당신의 자녀들에게 최상의 것이 무엇인지를 아시는 우리의 아버지이시다."[2]

이것은 만족의 비결의 한 부분으로 세상의 생각과는 근본적으로 다른 것이다. 세상은 고난에서 해방을 찾을 때에 만족이 온다고 말하지만, 그리스도인은 고난 가운데서 만족을 찾고 그것을 은혜로 여긴다. 고난을 바라고 시험을 즐기자는 것을 말하려는 것이

---

[2] 리차드 스타우프, *The Humanness of John Calvin: The Reformer as a Husband, Father, Pastor and Friend* (Vestavia Hills, AL Solid Ground Christian Books, 2008), 42.

아니다. 그리스도인은 자기학대를 통해 만족을 추구하는 자들이 아니다. 그러나 고난이 다가올 때 고난 가운데 일하시는 하나님의 다스리심을 바라보고 또한 그 고난 가운데에서 하나님의 은혜를 구하는 것이다.

찰스 스펄전(Charles Spurgeon)은 성 바울 성당의 높은 층계에서 일하는 유명한 도장공의 이야기를 들려준다. 그 도장공은 성당의 높은 층계에서 페인트칠을 하고 있었다. 시간이 지나 차츰 나머지 부분들도 거의 다 완성해갈 즈음, 그 도장공의 발은 높은 층계의 모서리 끝에 이르게 되었다. 하지만 이를 보고 있던 도장공의 조수는 크게 소리쳐 도장공에게 알리지 않았다. 왜냐하면 자기가 지르는 소리에 도장공이 놀라서 뒤를 쳐다보다가 혹 떨어질 수도 있다고 생각했기 때문이다. 그래서 잠시 생각 끝에 조수는 붓에 페인트를 흠뻑 묻혀 이미 페인트칠이 완성된 곳을 향해 힘껏 던졌다. 자신이 페인트칠을 해놓은 곳이 엉망이 되어 버린 것을 본 도장공은 화를 내며 조수가 있는 곳으로 내려왔고, 비로소 그때 조수가 자신의 생명을 구하기 위해서 일부러 페인트칠을 망쳤다는 것을 알게 되었다.[3]

이와 같이 우리가 받는 고난도 하나님의 은혜로 생각할 수 있다.

---

[3] 데일 랄프 데이빗, *The Wisdom and the Folly : An Expositions of the Book of First Kings* (Ross-Shire, Scotland: Christian Focus, 2002), 90에서 인용.

2. 처한 상황에서 우리에게 주어진 일들을 할 때 만족이 온다

만족은 우리가 처한 상황에서 우리의 일을 할 때 온다. 우리는 빌립보서 1:12에서 바울 자신의 상황을 말하고 있는 예를 살펴볼 것이다. 바울은 이렇게 말한다.

> 나의 매임이 그리스도 안에서 모든 시위대 안과 그 밖의 모든 사람에게 나타났으니(빌 1:13).

바울의 수감이 그리스도를 위한 일이라는 것이 어떻게 황제의 시위대에게 알려지게 되었을까? 이에 대한 답변은 바울이 스스로 그들에게 알렸다는 것이다. 바울은 수감 중인 상태에서도 계속해서 예수 그리스도에 관한 복음을 전파하였다.

감옥에 수감된 바울은 세상 끝까지 복음을 전해야 하는 자신의 복음사역이 이제 실패로 돌아갔다고 생각할 수도 있었다. 바울은 복음사역을 그만 두고, 석방되면 그때부터 다시 사역을 재개하기 위해 기도하면서 가만히 기다릴 수도 있었다. 그러나 그는 그렇게 하지 않고 수감을 또 다른 기회로 생각하였다. 바울은 현재 그가 처한 상황 안에서 자신의 일을 수행하였다.

최근 한 조사를 통해 사람들에게 "당신은 무엇을 기대하고 있습니까?"라고 질문하였다. 응답자 중 94%의 사람들이 어떤 일인가가 일어나길 기다리고 있다고 대답했다. 결혼, 좋은 직장, 새로운 일, 출산, 자녀의 성장 등 사람들이 기다리는 것은 아주 다양했다. 이와 같이 대다수의 응답자들은 삶에 어떤 일인가가 일어나기를 기다리며 살고 있었다. 그러나 만족하는 그리스도인들은 "현재 나의 상황에서 내가 해야 할 일은 무엇인가?" 그리고 "그것을 수행하는 의무가 그리스도인의 신앙과 그리스도인의 만족에 있어서 중요한 것인가?"라는 질문에 대답할 줄 알아야 한다. 우리는 우리가 원하는 상황에 있지 못할 때가 많다. 어려운 환경들이 바뀌기를 바라면서 기도하는 것은 죄가 아니다. 그러나 우리는 우리가 있는 곳에서 어떻게 그리스도를 섬길 수 있는지를 간구해야 한다. 존 뉴턴이 들려주는 이야기를 들어 보자.

"만약 두 천사가 동시에 하나님으로부터 그들이 해야 할 임무를 받았다고 가정해 보자. 한 천사는 내려가서 지상에서 가장 광대한 제국을 다스리는 임무를 받았고, 다른 한 천사는 가장 지저분한 마을의 거리를 청소하는 임무를 받았다고 한다면, 서로 다른 두 천사의 임무는 분명히 문제가 있어 보인다. 하나는 통치자로 보냄을 받았고 하나는 청소부로 보냄을 받았기 때문이다. 그러나 자신의 일에 기뻐하는 천사만이 오직 하나님의 뜻에 순종하는 천사가 될 것이다."[4]

이러한 만족의 비결은 죄 가운데 있는 사람들의 생각과는 근본적으로 다르다. 부패한 마음은 "내가 만족할 수 있는 상황으로 나를 데려가 줘"라고 말할 것이다. 반면에 거룩함과 만족을 추구하는 그리스도인은 "이런 상황에서 내가 만족할 수 있도록 그리고 내가 해야 할 일들을 감당할 수 있도록 나를 도와줘"라고 말할 것이다.

---

[4] E. M. 바운즈, *The Essentials of Prayer* (New Kensington, PA: Whitaker House Publishers, 1994), 7에서 인용.

우리 안에 계시는 하나님의 은혜와 능력으로부터 만족이 온다는 것을 기억해야 한다. 만족은 마음의 변화로 나타나는 결과다. 만족은 외적인 상황에 얽매이지 않는다.

최근 몇 년간 미국인의 이혼율이 50%를 상회한다는 것은 이미 잘 알려진 사실이다. 그러나 통계에 따르면 재혼을 위한 이혼율이 50%보다 더 높게 나타난다(70%까지는 아니더라도 최소한 60%에는 이른다). 그리고 세 번째 재혼을 위한 이혼율은 이 보다 더 높게 나타난다. 우리의 상황이 좋지 않을 때 그 상황으로부터 도피하는 것이 그 문제를 해결하는 유일한 방법이라는 사실은 가끔씩 우리를 충격에 빠지게 한다. 만약 우리가 불행한 결혼생활을 하고 있다면 우리는 그 결혼이라는 상황에서 빠져 나와 더 나은 상황을 찾아 간다는 것이다. 물론 이러한 해결책이 가지는 문제점은 자신의 문제를 또 다른 곳으로 가져간다는 것에 있다. 그러나 그저 또 다른 상황으로 문제를 옮기는 것은 고난에 대한 올바른 해결방법이 아니다.

버로스는 이런 현상을 산꼭대기에 오르면 구름을 잡을 수 있다고 생각하며 산을 오르는 아이들의 예화를 들어 설명한다. 산 정상에 오른 아이들은 구름이 현재 자신들이 있는 곳보다 더 높은 곳에 있어서 잡을 수 없다는 사실을 깨닫게 된다. 그러나 아이들은 멀리 떨어져 있는 더 높은 산을 바라보면서 '만약 우리가 저 산꼭대기에 올라간다면 구름을 잡을 수 있을 거야'라고 생각한다. 우리 또한 이런 생각을 갖고 있다.

'만약 나의 상황이 달라진다면 나는 만족할 수 있을 거야'라고 생각한다. 그러나 변하지 않는 상황 앞에서 우리는 계속해서 불평, 불만을 쏟아놓게 된다. 따라서 우리는 하나님이 현재 우리를 어떤 곳에 두셨는지 또 그 가운데서 어떤 일을 위해 우리를 부르셨는지에 대하여 초점을 맞추어야 한다.

멤피스 제2장로교회의 샌디 윌슨(Sandy Willson) 목사로부터 이런 말을 들은 적이 있다. 오늘날 목회자에게 상담을 하러 오는 사람들의 90%가 자신들의 문제를 해결하는 방법을 찾기 위해서라고 했다. 흥미로운 것은, 100년 전에 목회자에게 상담을 하러 오는 사람들의 90%는 고난 가운데서도 하나님을 섬기는 것에 도움을 얻기 위해서 상담을 하러 왔었다는 것이다. 그들은 자신들에게 주어진 어려운 환경 가운데서 그들이 해야 할 일이 무엇인지를 찾기를 원했고 그것을 행하기 위해 노력했다는 것이다. 바꿔 말하면, 그들은 바울이 보인 모범을 따랐을 뿐만 아니라 그리스도와 성경에 등장하는 고난 받았던 모든 성도들의 삶을 따랐던 것이다.

3. 우리의 뜻을 꺾고 그리스도의 뜻과 소원을 갈망할 때 만족이 온다

고난 가운데 만족은 우리의 뜻을 꺾고 그리스도의 뜻과 그의 소원을 갈망하는 데에서 온다. 일반적으로 고난은 우리의 모든 관심을 우리 자신의 문제에만 집중하도록 한다. 하지만 자신에게만 몰두하게 될 때 우리는 자신의 문제와 그 문제의 해결책을 찾는 것에만 집중하게 되고, 여러 가지 문제들로 인해 마음이 어려움을 겪는 동안 불만은 자연스럽게 마음에 등장한다. 그러므로 그리스도께 우리의 뜻과 욕심을 맡기는 것 그리고 그리스도를 갈망하고 그의 뜻과 계획에 따라 다스림을 받는 것을 우리는 배워야 할 필요가 있다.

빌립보서 1장에서 바울의 모습은 이를 보여 주는 아주 좋은 예가 된다. 15-18절에서 바울은 감옥에 수감된 자신으로 인해 더욱 담대하게 그리스도를 전하는 사람들에 대하여 말한다. 바울의 수감으로 더욱 담대하게 복음을 전하는 사람들은 각각 다른 동기를 가지고 복음을 전하는데 어떤 사람들은 사랑과 선한 의도로 복음을 전했다. 이들은 수감된 상태에서도 계속되는 바울의 사역을 지원했다. 어떤 사람들은 질투와 경쟁하는 마음으로 복음을 전하였는데 이들은 오히려 수감 중에 있는 바울의 고통을 더 무겁게 할 수 있는 방법을 모색했다.

우리는 바울의 고통을 더하기 위해 모색한 사람들이 누구인지, 무슨 이유로 그렇게 했는지 정확하게 알 수 없다. 아마도 바울의 수감으로 인해 자신들의 입장이 곤란해진 사람들이거나 바울의 권위에 도전하려고 했던 사람들이었을 것이다. 바울은 분명히 그들의 잘못된 동기를 묵인하지 않았다. 그들의 복음전도의 동기는 아주 불량했다.

비록 동기는 나쁘다 하더라도 결과적으로 그들을 통해 그리스도가 전파되어지는 것에 바울은 기뻐하였다. 바울의 진심은 이 고난을 피하고 자신을 대적하는 사람들이 복음을 전하는 것을 내버려 두고 싶지 않았을 것이다. 그러나 바울은 악한 동기로 복음을 전하는 사람들로 인해, 그들이 자신에게 더 하는 고난으로 인해 분노하지 않았다. 오히려 그리스도의 뜻에 자신의 뜻을 내려놓았다. 왜냐하면 바울에게 있어서 가장 최고의 것은 하나님의 영광이

드러나는 것이었기 때문이다. 이 모든 상황 가운데서도 그리스도는 전해졌기 때문에 바울은 만족하였다.

우리가 어떤 상황에 있든지 하나님의 뜻이 이루어지는 것에 만족할 수 있는 은혜를 위해서 기도해야 한다.

만족에 관한 이와 같은 생각은 하나님중심, 그리스도중심의 비전으로 오늘날 소위 복음주의 문화권의 주된 사고방식과는 대조적이다. 나는 최근에 12살 된 딸아이와 함께 차를 타고 가면서 딸이 듣고 있던 CCM을 같이 듣게 되었다. 그 노래는 작년에 가장 유행했던 노래인데 처음부터 끝까지 "나"에 초점을 맞추고 있었다. "나는 당신을 느끼기 원합니다. 당신의 팔로 나를 감싸소서"라고 하면서, 심지어 그리스도께 "나에게 입맞춤해 주세요"라고 요구하는 가사로 가득했다.

이 노래를 두고 나와 딸아이는 토론을 하였다. 물론 이런 노래에서도 좋은 점은 있기 때문에 이 노래를 전혀 듣지 말라고는 하지 않았다. 그러나 나는 딸에게 이런 노래는 지나치게 자신의 개인적인 경험들에만 초점을 맞추고 있기 때문에 하나님과 예수님을 중심에 두는 생각에는 반하는 것이라고 말해 주었다. 자신의 개인적인 경험이나 욕망을 표현하는 것은 잘못된 것이 아니다. 시편기자도 가끔씩 개인의 일에 대하여 언급하였다. 그러나 시편기자 역시 자신으로부터 벗어나 하나님의 뜻과 전능하신 계획을 바라보는 것이 중요하다고 우리에게 가르친다.

시편 73편은 이와 관련하여 우리에게 좋은 예를 보여 준다. 시편기자는 말한다.

> 나는 거의 넘어질 뻔하였고 나의 걸음이 미끄러질 뻔하였으니(시 73:2).

시편기자는 겉보기에는 아무런 고난이 없어 보이는 악한 자들이 번성하는 것과 그들이 형통하게 되는 것을 부러워한다. 그래서 그는 불평하였다.

> 내가 내 마음을 깨끗하게 하며 내 손을 씻어 무죄하다 한 것이 실로 헛되도다 나는 종일 재난을 당하며 아침마다 징벌을 받았도다(시 73:13-14).

그는 자신의 마음을 태우면서 자신의 상황과 부유한 압제자들의 상황을 대조한다. 이러한 탄식은 "하나님의 성소에 들어갈 때에 그들의 종말을 내가 깨달았나이다"(시 73:17)라는 고백을 할 때까지 계속된다. 그러나 성소에서 그의 소원은 하나님께 초점을 두는 소원으로 바뀌고, 마침내 하나님의 뜻과 선하신 계획을 보기 시작했다. 그의 뜻은 하나님의 뜻 앞에서 사라지고 고난 중에 있던 그의 영혼은 평안을 찾게 된다.

시편 73편은 우리의 불평을 새길 때가 있고, 우리 영혼의 고통을 말할 때가 있다는 것을 가르쳐 주는 교훈적인 시편이다. 그러나 이 시편에서 무엇보다 중요한 것은 자신으로부터 벗어나 스스로를 바라보며 전능하신 하나님의 주권 안에서 쉼을 얻을 때 만족을 누릴 수 있다는 것이다.

위대한 종교개혁자 마틴 루터(Martin Luther)는 자신의 딸 막달라나(Magdalena)의 죽음을 경험하게 된다. 로널드 베잉턴(Ronald Bainton)은 루터의 슬픔을 다음과 같이 기록한다.

"막달라나가 열네 살 되던 해에 병으로 죽게 되었다. 그때 루터는 '오, 하나님, 저는 이 아이를 너무 사랑합니다. 그러나 당신의 뜻이 이루어지게 하소서'라는 기도를 하고 딸에게로 다가갔다. 그리고 딸에게 이렇게 물었다. '나의 사랑스러운 딸 막달라나, 너는 아버지와 함께 여기 있는 것이 좋으니? 하늘의 아버지께로 가는 것이 좋으니?' 그러자 루터의 딸은 이렇게 대답했다. '아빠의 뜻도, 하나님의 뜻도 좋아요.'

루터는 이내 자신을 질책하기 시작했다. 왜냐하면 하나님은 지난 천 년 동안 그 어떤 주교도 받지 못했을 축복을 자신에게 주셨다는데 하나님께 아직 감사드리지도 않았다는 것을 깨달았기 때문이다. 멀리 서서 슬픔을 참고 있던 카타리나[루터의 아내]와 루터는 딸이 죽자 아이를 껴안았다. 그리고 이렇게 말했다. '사랑하는 나의 딸아, 너는 일어나서 저 하늘의 해와 별들처럼 빛날 것이야. 네가 잠들었는데 다른 사람들이 아무 일 없는 것처럼 잘 지낸다는 것은 참으로 이상한 일이구나! 그리고 네가 잠들었을 뿐인데 매우 슬퍼하는 것 또한 참으로 이상한 일이구나!'"[5]

이 글은 루터가 자신의 고통과 슬픔으로 인해 몸부림치고 있는 모습을 생생하게 보여 준다. 그러나 동시에 고난 가운데서 루터의 생각보다 더 크신 하나님의 계획과 선하심을 이해하고 있다는 것을 보여 준다. 만족은 고통이 없는 삶을 사는 것을 의미하지 않는

---

[5] 로널드 베잉턴, *Here I Stand* (Nashville: Abingdon Press, 1978), 237.

다. 오히려 우리가 고난과 고통 가운데서 하나님의 주권적인 다스리심 안에 있는 평안을 발견할 수 있다는 것을 의미하며, 우리의 뜻이 그분의 뜻 앞에서 사라져 버리는 것을 의미한다.

4. 고난 가운데서 다른 사람들의 유익을 구할 때 만족이 온다

고난 가운데서도 다른 사람들의 유익을 구할 때 만족이 온다. 빌립보서 1:12-18을 보다 큰 문맥 안에서 읽어보면, 바울의 수감으로 인해 걱정하고 슬픔에 빠져 있던 빌립보 교인들을 위로하고 격려하기 위해 바울이 이 부분을 쓴 것이 분명해진다. 다시 말하면, 바울은 그들에게 모든 것이 하나님의 주권 안에 있다는 것을 말하기 위해 빌립보서 1:12-18을 기록한 것이다. 따라서 빌립보 교인들은 바울에게 일어난 일에 대하여 걱정할 필요가 없었다.

우리는 19-26절에서 수감된 자신의 상황 앞에 자신의 미래를 생각하는 바울의 마음을 볼 수 있다. '여기서 죽게 될 것인가? 아니면 풀려날 것인가?' 우리는 20절에서 "살든지 죽든지 그의 몸에서 그리스도가 존귀하게 되시는 것"이라는 바울의 더 큰 소원을 보게 된다. 또한 우리는 근심스러운 바울의 두 가지 마음을 보게 된다. 한 가지는 살아서 그리스도를 전파하는 사역을 수행하는 것이고, 다른 한 가지는 바울 자신이 "훨씬 더 좋은 일이라"라고 말하는, 곧 죽어서 그리스도와 함께 있는 것이다(빌 1:23). 그러나 바울은 결국 빌립보 교인들의 유익을 위하여 자신이 살 것이라고 확신한다. 빌립보 교인들의 믿음의 진보를 위하여 바울 자신이 육신으로 살아 있는 것이 더 낫다고 말한다(빌 1:24-26).

　바울의 불타는 복음의 열정은 그리스도의 영광을 위한 것이며 바울 자신의 가르침 아래 있는 사람들의 영적인 유익을 위한 것이었다. 바울의 사역은 몇 번이나 이를 확증하며 보여 준다. 바울의 만족은 다른 사람들에게 유익을 주려는 그의 마음에서부터 왔다.

　목회를 하는 한 친구가 자신은 낙심하고 실망하는 마음이 생기면 다른 사람들을 돌아보거나 그들을 도와준다고 말했던 적이 있다. 즉 다른 사람들을 심방하고 돌아보는 것을 통해서 관심의 방향을 바꿔 자신의 문제로 인해 더 이상 괴로워하지 않게 된다는 것이었다.

　목회를 하는 사람들이라면, 죽어가는 성도들을 위로하고 격려할 때 그 위로가 오히려 자기 자신을 위로하고 격려하게 되는 경험을 한 적이 있을 것이다. 그리고 누구나 한 번쯤 다른 사람들의 신앙과 간증을 통하여 자신이 위로와 격려를 얻게 되는 일을 종종 경험했을 것이다. 이처럼 고난받는 성도들은 때때로 다른 사람들을 위로하고 격려하는 선한 도구로 사용되기도 한다.

　찰스 시몬(Charles Simeon) 목사는 영국 캠브리지의 트리니티교회에서(Trinity Church) 54년간 목회를 했다. 시몬 목사는 처음 교회에 부임했을 때 성도들로부터 거절당했던 일을 포함하여 일평생 아주 많은 고난을 당한 사람이었다. 트리니티교회의 성도들은 시몬 목사에게 12년 동안 통로에 서 있는 사람들과 강단 뒤편에 있는 사람들에게만 설교하도록 했다. 시몬 목사가 오랜 질병으로 죽게 되자, 몇몇 성도들이 그가 죽기 3주 전 병상에 누운 그를 찾아 왔다. 병상에 누운 시몬 목사는 성도들을 위로하며 이렇게 말했다.

"헤아릴 수 없는 지혜가 무한한 사랑으로 모든 것을 에워 싸고 있습니다. 그리고 무한한 능력이 나로 하여금 그 사랑에 쉼을 누리도록 합니다. 나는 사랑하는 아버지의 손에 있으므로 모든 것이 확실합니다. 그를 보았을 때 나는 신실함과 불변함과 참된 것 이외에 아무것도 보지 못하였습니다. 그리고 나는 더 이상 좋을 수 없는 최고의 평안을 누리고 있습니다."[6]

시몬 목사는 자신이 고통을 받고 있는 상황 가운데서도 하나님의 주권과 사랑 그리고 그분의 선하심 안에서 흔들리지 않는 믿음으로 자신을 둘러싼 모든 사람들에게 용기를 주었다.

우리는 바울의 고백을 고통 가운데 있는 한 성도의 간증으로 생각해 볼 때 한 가지 중요한 것을 알 수 있다. 우리는 고난 가운데 만족하기 위하여 그 고난 가운데서 일하시는 하나님의 선하심을 적극적으로 이해하고 생각해야 한다. 하나님은 자기 자녀들을 돌아보시는 사랑의 아버지이시다. 하나님은 우리에게 고난이 없는 삶을 약속하지 않으셨다. 심지어 하나님은 그가 보시기에 적당한 고난들을 자녀 된 우리에게 허락하신다. 그러나 우리는 하나님이 선하신 분이라는 것과 그 하나님이 당신의 자녀들의 유익을 위하여 그 고난의 끝에 서서 일하고 계신다는 것을 기억해야 한다.

모든 시대를 거쳐서 그리스도인들은 로마서 8:28을 통해 큰 위로를 받아왔다.

우리가 알거니와 하나님을 사랑하는 자 곧 그의 뜻대로 부르심을

---

[6] H. C. G. 모울, *Charles Simeon* (London: Methuen and Co., 1892), 266.

입은 자들에게는 **모든 것**이 합력하여 선을 이루느니라(롬 8:28).

여기서 "모든 것이 합력하여 선을 이룬다"는 말은 우리의 고난과 역경마저도 포함한다는 의미일까? 로마서 8장이라는 더 큰 문맥에서 비추어 볼 때 이 말씀은 정확하게 고난과 역경 또한 포함한다는 것을 보여 준다. 로마서 8:17에서 바울은 이렇게 말한다.

> 우리가 자녀이면 또한 상속자 곧 하나님의 상속자요 그리스도와 함께 한 상속자니 우리가 그와 함께 영광을 받기 위하여 고난도 함께 받아야 할 것이니라(롬 8:17).

로마서 8:18의 가르침과 같이 이후에 계속되는 본문들은 "현재의 고난"을 반영한다. 이 시대와 그리스도인들뿐만 아니라 피조물들까지도 탄식하며 구원의 최종을 기다린다. 그렇다면 현재의 삶은 고난과 고통이 공존하는 삶이며, 성령의 역사하심은 우리의 연약함을 도우시고, 우리의 소망의 근거가 되는 것이다. 그러나 그리스도인의 궁극적인 소망은 미리 정하시고 부르시고 의롭다 하시고 영화롭게 하시는 하나님의 일하심에 있다.

그래서 로마서 8장은 자신의 아들을 아끼지 아니하시고 우리를 위하여 주신 분이 우리에게 모든 것을 주시는 분이라고 말하는 것이다. 그 어떤 것도 우리를 그리스도 예수 안에 있는 그분의 사랑에서 끊을 수 없게 하시는 하나님이 우리를 위하시는 분이라는 것을 선포하는 영광스러운 진리를 포함하고 있다. 그러나 이 모든 것은 현재에 당하고 있는 고난을 배경을 근거로 한다.

누가 우리를 그리스도의 사랑에서 끊으리요 환난이나 곤고나
박해나 기근이나 적신이나 위험이나 칼이랴 기록된바 우리가
종일 주를 위하여 죽임을 당하게 되며 도살당할 양 같이 여김을
받았나이다 함과 같으니라 그러나 이 모든 일에 우리를 사랑하시는
이로 말미암아 우리가 넉넉히 이기느니라 (롬 8:35-37).

바울은 더 큰 문맥 안에서 로마서 8:28을 진술한다. "하나님을 사랑하는 자들에게는 모든 것이 합력하여 선을 이루느니라."

문제는 우리가 그 말씀을 믿는가이다. 하나님을 사랑하는 자들에게 고난과 역경의 고통이 합력하여 선을 이룬다는 것을 우리는 믿는가? 물론 확실히 믿는다. 그러나 이것은 우리가 이 사실을 쉽게 믿을 수 있다는 말도, 믿는데 어려움이 없다는 말도 아니다. 하나님의 선하신 목적은 육신의 것이든 감정적인 것이든 모두 우리 영혼의 유익을 위한 것이라는 의미이다.

17세기 찬송가 중 "내 주께서 정하신 것은 그 무엇이라도 선하네"(Whate'er My God Ordains Is Right)는 우리가 지금까지 살펴본 성경의 가르침들을 잘 표현하고 있다.

"내 주께서 정하신 것은 그 무엇이라도 선하네
그의 거룩함이 우리에게 머물 것이며
나는 무엇을 하든지 그가 행하는 대로 될 것이며
나는 그가 이끄시는 대로 갈 것이며
비록 나의 가는 길이 어두워도 그는 나의 하나님이시라
그가 나를 붙드시니 내가 쓰러지지 않네
그래서 나의 모든 것을 그에게 맡기리라.

내 주께서 정하신 것은 그 무엇이라도 선하네
그는 결코 나를 속이지 않으시며
그는 나를 안전한 길로 인도하시며
나는 그가 나를 떠나지 않을 것을 아네
그가 나에게 주신 모든 것은 기쁨으로 받으며
그의 손이 나의 슬픔을 바꾸시고
나는 꿋꿋이 그의 날을 기다리네.

내 주께서 정하신 것은 그 무엇이라도 선하네
비록 이 쓴잔을 마시지만
슬픔은 나의 희미한 마음처럼 느껴지네
나는 물러서지 않고 모든 것을 받아들이네
나의 하나님은 진실하시고 매일은 새롭다네
달콤한 위로가 아직 나의 마음을 채우며
고통과 아픔은 사라져가네.

내 주께서 정하신 것은 그 무엇이라도 선하네
여기서 나의 모든 인내는 사라지고
비록 남은 것이라곤 슬픔과 궁핍과 죽음뿐일지라도
그러나 나는 그에게서 돌아서지 않겠네
나의 아버지의 돌보심이 거기서 나를 둘러싸네
그가 나를 붙드시니 내가 쓰러지지 않네
그래서 나는 모든 것을 그에게 맡기리라."

하나님은 선하시다. 하나님은 신실하시다. 하나님은 우리를 위하신다. 이것이 바로 성경이 가르치는 바이다. 당신의 고난 속에서 만족을 찾으라!

생각해 볼 문제들

1. 고난과 고통이 필연적이라는 사고를 갖는 것은 왜 중요합니까? 그리고 그 이유는 무엇입니까?

2. 당신의 삶을 돌아볼 때 하나님으로부터 온 은혜라고 생각할 수 있었는 특별한 고난이나 불만족을 경험한 적이 있습니까? 이와 같은 시험 가운데에서 우리의 생각을 어떻게 만족으로 바꿀 수 있습니까?

3. 당신은 고난이 부패한 사람과 하나님의 은혜, 이 두 가지 모두로부터 온다는 사실을 인정합니까? 많은 사람들이 하나님은 고난을 허용하실 뿐이라고 말합니다. 그리고 고난은 악한 것이고, 하나님은 악한 일을 행하는 분이 아니시기 때문에 하나님이 고난을 주시지는 않는다고 말합니다. 이에 대하여 당신은 어떻게 생각합니까?

4. 고난을 통하여 하나님이 주시는 유익으로 인식하는 것과 고난을 통해서 기쁨을 취하는 자기학대적 태도를 우리는 어떻게 구분할 수 있습니까?

5. 당신은 개인적으로 큰 고난을 경험한 사람들을 본 적이 있습니까? 그리고 그 고난 가운데 지속적으로 하나님의 뜻과 하나님을 섬기는 것을 구했던 사람들을 본적이 있습니까? 잠시 멈추어 그들의 모든 행보에 하나님의 은혜가 있도록 기도합시다.

THE SECRET OF CONTENTMENT

6장

만족의 공식

내가 자랄 때는 사람들이 "신수학"에 대해 관심이 많았다. 솔직히 "신수학에서 1 더하기 1은 3이다"라는 유머는 들어 봤지만, 보수적인 학교에서 공부를 하고 "신수학"의 필요성을 별로 느끼지 못했던 나는 "신수학"에 대해 잘 알지 못한다. "신수학"은 실제에 대한 새로운 접근방식으로 새로운 과학적 가정들에 근거를 두는 새로운 시도이며 세상을 바라보는 새로운 방법이었던 것 같다.

그리스도인들은 참된 만족을 찾기 위해 반드시 새로운 방법으로 삶과 세상을 볼 수 있어야 한다. 만족은 "신수학"의 결과와 같다. 만족은 세상에서 유행하는 패러다임에 따라 더하거나 빼는 것이 아니라 성경의 가르침을 따르기 때문이다. 세상은 행복을 위한 그들만의 공식을 가지고 있다. 일반적으로 세상과 부패한 마음은 "참된 행복을 원한다면 필요한 것은 추가하고 무거운 것은 줄일 필요가 있다"고 말한다. 또 가끔씩 세상은 "행복을 찾기 원한다면 비울 줄도 알아야 하고 인생을 더 간단하게 살줄도 알아야 한다"고 말한다. 그러나 이와 같이 행복을 추구하는 모든 시도는 결코 성경적인 방법이라고 할 수 없다. 성경은 우리가 만족을 배울 수 있는 다른 덧셈과 뺄셈의 공식을 말한다.

만족을 배우기 원한다면 우리는 하나님이 주시는 새로운 수학 공식을 배워야 할 것이다. 왜냐하면 만족은 덧셈과 뺄셈에서 오기 때문이다.

1. 현재 삶의 무게에 새로운 짐을 더할 때 만족이 온다(덧셈의 만족)

우리는 덧셈으로 만족을 누릴 수 있다. 즉 현재 우리가 가지고 있는 인생의 짐들을 내려놓지 않고 새로운 짐을 그 위에 더 하는 것이다. 이 말은 아마도 이상하게 들릴 것이다. 어째서 현재의 짐 위에 또 다른 짐을 더해야만 하는 것일까? 일반적으로 모든 사람들은 마음의 짐을 내려놓고 싶어 한다.

그러나 그리스도인에게는 마땅히 짊어져야 하는 특별한 짐이 있다. 이 짐은 우리의 모든 짐을 하나의 관점으로 모아 준다. 이 짐은 죄인인 우리가 짊어져야 하는 우리 자신의 죄의 무게이다. 이 죄의 무게는 우리를 몹시 힘들게 한다. 따라서 우리는 죄가 끔찍한 것이며 거룩한 하나님을 대적하는 것이라는 사실에 의해 압

도당하는 것이 마땅하다.

잠언은 하나님을 두려워하는 것이 지혜의 근본이라고 가르친다. 이런 두려움은 최후의 심판에 버려지는 것에 대한 두려움이 아니라 하나님이 기뻐하지 않으시는 것에 대해 두려워하는 것이다. 하나님이 기뻐하지 않으신다는 것의 이유는 분명 우리의 죄 때문이고, 그 죄 때문에 우리는 곤란한 상황에 빠지게 된다.

종교개혁자들과 청교도들의 사상 중에서 가장 논쟁이 뜨거웠던 것은 죄의 무게에 눌려 있는 내면의 양심에 관한 것이었다. 우리의 양심이 죄의 무게에 눌려 있다는 주장에 반대하는 사람들은 다음의 두 가지 견해로 나뉘었다.

첫 번째 견해는, 우리의 죄는 그리스도의 죽음에 의해 제거되었고 하나님은 동이 서에서 먼 것 같이 우리의 죄를 멀리 옮기셨다는 것이다. 그러므로 그리스도인은 그리스도께서 이미 가져가신 그 어떤 죄의 짐도 짊어질 필요가 없다는 것이다.

두 번째 견해는, 우리는 내면에 있는 것에 초점을 맞추는 것 대신에 우리의 외부 상황에 더욱 집중해야 한다는 것이다. 우리가 어떻게 다른 사람들과 이 세상을 섬기고 있는지 혹은 은혜로운 사역을 감당하고 있는지에 관하여 초점을 맞추어야 한다는 것이다. 만약 내면에 죄의 짐을 가지고 있다면, 우리를 둘러싸고 있는 필요들을 채우는데 그 자신이 무익하다는 것이다. 그래서 더 이상의 논의가 필요 없다고 주장한다.

그러나 이 두 가지 견해는 모두 실제적인 그리스도인의 삶을 균형적으로 표현하지 못하고 있다. 한편으로 그리스도께서 우리의 죄를 짊어지시고 우리를 지배했던 죄의 권세를 끊으신 것이 사실인 반면에, 또 한편으로 그리스도인은 여전히 죄인으로 존재한다는 것 또한 사실이기 때문이다. 따라서 여전히 자신 안에 남아 있는 죄를 인식하고 그 죄 때문에 가슴을 치며 안타까워하는 것은 너무나 당연한 것이다. 요한일서에서 사도 요한은 하나님이 우리의 죄를 대속하시기 위하여 예수 그리스도를 보내셨다는 것을 강조한다(요일 2:1-2). 동시에 그는 그리스도인들에게 권면하였다.

> 만일 우리가 우리 죄를 자백하면 그는 미쁘시고 의로우사 우리 죄를 사하시며 우리를 모든 불의에서 깨끗하게 하실 것이요(요일 1:9).

내면의 죄에 집중하는 것과 외부적 상황에 집중하는 것은 서로 밀접한 관계가 있다. 이 두 가지 모두는 그리스도인의 삶에 필수적인 요소이다. 사실, 자신의 죄를 깨닫고 궁핍한 자신의 상태를 아는 사람은 죄를 다스리거나 다른 사람들의 필요를 채워주기에 가장 적합한 사람이다.

로마서 7장은 현재 진행 중인 죄의 실체와 죄에 대한 탄식을 다루고 있는 신약성경의 전형적인 본문이다. 비록 의롭게 되었고(롬 5:1) 이미 의의 종이 되었지만(롬 6:15-23), 바울은 여전히 죄가 그의 안에 머물러 있다는 것을 인식한다. 그는 자신이 원하지 않는 것을 하고 자신이 원하는 것은 하지 않는다고 고백한다. 비록 죄의 권세는 깨어졌지만 죄는 자신을 덮치려고 어디선가 도사리고 있다고 말한다. 죄의 무게는 바울조차도 자신을 두고 "오호라 나는 곤고한 사람이로다!"(롬 7:24)[1]라고 말하게 만들었다.

---

[1] 로마서 7장에 대한 나의 해석은 전통적인 개혁주의 해석을 따른다. 그러나

바울은 그리스도 안에서 변화된 새로운 삶의 실제에 대하여 이해하지 못하는 것을 비난하지 않는다. 뿐만 아니라 바울은 죄악과 죄의 권세는 더 이상 그리스도인의 삶을 지배하지 않는다고도 말하지 않는다. 그는 다른 사람을 섬기거나 예수 그리스도의 증인으로 살아가는 것에 실패하는 것이 내면의 문제만으로 일어난다는 사실을 부인하지 않는다. 왜냐하면 바울 자신도 죄의 짐을 짊어지고 있기 때문이다. 로마서 7장은 또한 내면의 죄에 대하여 치열하게 싸우는 그리스도인의 모습을 잘 보여주는 대표적인 본문이기도 하다.

그렇다면 바울이 외부적 상황으로 인해 발생한 짐 지기를 거부하고 만족을 누리는 것은 놀랄만한 일이 아니다. 죄의 짐은 우리 인생의 다른 모든 짐의 무게를 삼켜 버린다. 만약 우리가 외부적 상황으로 인한 짐을 덜 지기를 원한다면 우리 죄의 짐을 더욱더 짊어져야 할 것이다.

우리의 삶 가운데 경험하는 가장 힘들고 어려운 일은 무엇인가? 암 선고를 받을 때, 사랑하는 자녀나 누군가가 죽었을 때, 주변 사람에게 끔찍한 일이 벌어졌을 때 등, 우리는 삶의 순간순

오늘날의 해석학자들 사이에서는 로마서 7장을 바울이 자신의(성도의) 죄에 대한 투쟁을 언급하는 것이 아니라, 오히려 불신자들의 죄에 대한 투쟁을 의미한다는 해석이 일반적이다. 그러나 이것이 로마서 7장에 대한 가장 자연스러운 해석이 아닌 것은 분명하다. 바울이 사용하는 "나"는 현재시제로 현재 바울 자신의 삶의 투쟁을 의미하는 것이기 때문이다. 그리고 바울은 또한 그리스도 안에서 새로운 피조물이 된 한 사람의 관점에 대해서 분명하게 말하고 있다. 그는 "내 속사람으로는 하나님의 법을 즐거워한다"(22절)고 말한다. 그리고 오직 회심한 사람만이 그것을 정확하게 말할 수 있다. 바울은 계속해서 자신이 미워하는 것을 행하는 자신을 알지 못한다고 말한다(15절). 왜 그는 자신이 미워하는 것을 행하는 자신을 이해하지 못하는가? 그의 존재 중심에 있는 새롭게 된 마음이 있기 때문이다. 따라서 종합적으로 보았을 때 전통적인 해석이 더 적합해 보인다.

간 다양한 일들을 경험한다. 그러나 "현실"이야 말로 우리가 삶에서 맞이하는 가장 힘겨운 순간일 것이다. 성경에 따르면 하나님을 기뻐하지 않는 "우리의 상태" 그 자체가 바로 삶에서 가장 힘겨운 "현실"이며 순간이다. 우리가 추구해야 할 것은 어떤 대가를 치러서라도 고난을 피하는 것을 배우는 것이 아니다. 우리의 부족한 무엇인가를 채우는 것도 아니다. 오히려 이러한 모든 시도는 자신의 악한 고집으로 하나님께 불순종하는 것이라는 사실을 깨달아야 한다.

만약 우리의 죄가 가장 무거운 짐이라면, 우리 죄의 짐은 다른 모든 짐들을 훨씬 더 가볍게 만드는 영적인 관점으로 우리를 이끌 것이다.

이 관점은 은혜가 없는 사람들의 일반적인 반응과는 전혀 다른 것이다. 믿지 않는 사람들이나 마음의 변화가 없는 사람들은 "우리의 짐을 가볍게 하지 않고 오히려 왜 삶에 또 다른 짐을 더 해야 합니까?"라고 되물을 것이다. 사실, 오늘날 세상에서 유명한 슬로건들은 이러한 종류의 태도를 잘 반영한다. "괜찮을 거야!" "걱정 마!" "알게 뭐야!"

이러한 슬로건은 어떠한 종류라도 또 다른 짐을 지는 것을 거절하며 적당히 살아가고 싶어 하는 사람들의 모습을 잘 반영한다. 이는 세상이 죄에 대하여 보이는 태도라고 할 수 있다. 그러나 이런 세상적 반응은 인생의 무게를 올바르게 다루지 못한다. 왜냐하면 인생의 무게는 덜어내면 덜어 낼수록 또 다시 짐이 되어 돌아오기 때문이다.

따라서 고난에 대한 그리스도인의 반응은 반드시 자신에 대한 성찰을 포함해야 한다. 그리고 자신의 마음을 돌아보는 자기성찰은 다음 세 가지 중의 한 가지를 수반하게 된다.

첫째, 그리스도인은 특정한 죄나 그 죄를 반복해서 짓는 것이 고난의 원인을 제공한다는 사실을 알게 될 것이다. 하지만 성경은 모든 사람이 자신이 지은 특정한 죄의 결과로 인해 직접적인 고난을 당한다고 말하지 않기 때문에 이런 결론을 내리는 것에 조심해야 한다. 욥과 요한복음 9장의 소경을 생각해 보라. 물론 일부 고난은 우리의 죄로부터 온 것이다. 바울이 고린도 교회에게 성찬식을 바르게 행하지 못한 것에 대해 지적하는 부분은 고난이 우리의 죄로부터 온다는 것을 보여주는 한 예가 될 것이다(고전 11:27-32). 자신의 죄를 보게 될 때, 우리는 반드시 그 죄를 회개해야 한다. 그리고 하나님이 보시기에 적당한 때에 고난으로부터 자유를 누리며 하나님의 은혜 안에서 안식을 얻어야 한다.

둘째, 그리스도인은 자기성찰을 통해 불만족에 빠져 있는 자신을 보게 될 것이다. 또한 이런 불만족의 죄를 회개하며 고난 가운데 만족을 주시도록 하나님의 은혜를 간구하게 될 것이다.

셋째, 그리스도인은 자신의 삶과 마음의 우상들을 주의 깊게 살펴봄으로써 자신의 모든 상황이 자신의 영적 안목을 위해 주어졌다는 것을 깨닫게 될 것이다. 여기서 삶을 돌아본다는 것은 자신의 가장 강력한 원수가 외부적 상황에 있는 것이 아니라 자신 안에 있는 죄라는 사실을 깨닫는 영적인 안목을 가지는 것이다. 인생의 무게, 고난, 외부적 상황들은 우리 삶에서 갑작스럽게 통제력을 잃을 수 있다. 그러나 죄의 짐이 우리 삶의 다른 짐들의 무게를 더 가볍게 해준다는 것을 깨달아야 한다.

가족 중 누군가가 경제적인 문제, 인간관계의 문제, 실업이나 자녀의 죽음으로 인한 고통 가운데 있다면, 그 고난의 결과는 불만과 분노로 나타날 것이 분명하다. 아무런 문제없이 잘 살던 부부에게도 이런 시련이 찾아오면 걷잡을 수 없는 분쟁과 싸움으로 이어진다. 그리고 부부의 싸움은 이런 분쟁 가운데서는 더 이상 함께 살 수 없다고 말하게끔 이끈다. 그러나 최상의 해결책은 무엇인가? 답은 간단하다. 자신을 낮추고 자신의 죄를 하나님과 상대방에게 고백하는 것이다. 자신을 낮추고 죄를 인정하는 것은 부부로 하여금 그 분쟁을 이겨낼 수 있도록 한다.

이와 같은 방법으로 고난이 찾아올 때, 겸손과 죄에 대한 이해는 우리로 하여금 그 고난을 이겨낼 수 있는 최상의 위치에 서도록 한다. 만족하기를 원한다면, 당신의 마음을 살피고 자신의 죄로 인한 인생의 무게를 줄여야 할 것이다.

2. 자신의 상황에 맞는 소망을 설정할 때 만족이 온다(뺄셈의 만족)

만족은 덧셈으로 누릴 수 있을 뿐만 아니라 뺄셈으로도 누릴 수 있다. 세계적으로 유명한 한 철학자는, 참된 만족과 평안을 찾는 방법은 우리의 상황에서 어떤 것을 빼거나 제하는 것이라고 말했다. 그러나 우리의 마음이 변화되지 않는 다면, 빼거나 제거하는 것은 만족을 추구하는 데 있어 아무런 유익이 없을 것이다.

그러나 성경이 말하는 뺄셈은 만족을 위해서 필수적이다. 우리는 만족을 찾기 위해서 욕심을 빼고, 우리의 소망이 현재 처해 있는 상황과 비슷하거나 같아지도록 해야 한다. 이것은 종종 적게 가진 사람들이 많이 가진 사람들보다 자신의 환경에서 만족을 누릴 수 있는 이유가 되기도 한다. 물론 적게 가진 사람들이 적게 가졌다는 것 자체로 만족을 누리는 것이 아니다. 오히려 그들은 하나님이 자신들의 마음을 그들의 상황에 맞게 만드셨기 때문에 만족하는 것이다.

하지만 이렇게 만족이라는 선물이 하나님으로부터 왔다는 사실은 만족을 누리는 과정에서 우리가 아무런 역할을 하지 않는다고 말하지 않는다. 우리는 이런 방법으로 만족을 추구하기 위해 무언가를 할 수 있어야 하며 또 해야 한다.

첫째, 기도가 필요하다. 하나님께서 우리에게 적절한 소원을 주시도록 우리는 기도해야 하며, 부적절한 소원들은 하나님께 고백해야 한다. 자신의 상황과 관계없이 자기가 원하는 대로 모두 달라고 기도하는 것 대신에 자신의 상황에 맞는 마음을 주시도록 하나님께 간구해야 한다.

둘째, 마음을 지켜야 한다. 솔로몬은 그의 아들에게 가르쳤다.

> 모든 지킬 만한 것 중에 더욱 네 마음을 지키라 생명의 근원이 이에서 남이니라(잠 4:23).

우리의 마음을 돌아보며 지켜야 할 책임이 있으며 부적절한 소원들이 마음에 자리 잡지 않도록 해야 한다. 우리의 마음이 탐욕의 지배를 받도록 내버려 둘 것인가? 그렇지 않다면 십계명의 열 번째 계명을 묵상하며 탐욕수러운 마음을 다스리는 것은 아주 유익한 훈련이 될 것이다.

셋째, 자신의 생각과 마음에 자리 잡고 있는 것이 무엇인지 살펴보아야 한다. 광고와 TV 홈쇼핑과 같은 매체는 우리 마음의 욕심을 불타오르게 할 수 있다. 나는 지난 15년간 타던 차를 수리하는 데에만 수백 달러가 들었다는 것을 알게 되었다. 그리고 최근에 폐차할 지경에 이르러서야 저렴한 소형차 한 대를 장만했다. 하지만 문제는 차를 장만한 후에 신문과 인터넷을 통해 소개되는 다른 차들의 광고였다. 광고들을 볼 때마다 나의 욕심은 자극을 받았다. 몇 주 후 나는 내 스스로에게 물었다. "**아, 이런 차를 샀어야 되는 건데…**." 나는 점점 자동차를 판매하는 광고면을 살펴보는 것에 중독될 지경에 이르렀고 "다음에 출시 될 차"에 대하여 온갖 상상을 하기 시작했다. 그러다 신문의 자동차 광고면을 가까이 하는 것이 옳지 못하다는 것을 깨달았다. 왜냐하면 그 광고들은 하나님이 내게 주신 것으로 만족하지 못하도록 하였으며 좀 더 좋은 것을 찾도록 나를 부추기고 있었기 때문이다.

세상은 자신의 분수에 어울리는 소원을 가지라고 하는 대신에 자신이 원하는 대로 상황을 이끌어 올리라고 말한다. 그러나 성경은 이런 생각은 본질적으로 위험하다고 가르친다. 바울은 디모데에게 이렇게 경고한다.

> 부하려 하는 자들은 시험과 올무와 여러 가지 어리석음과 해로운 욕심에 떨어지나니 곧 사람으로 파멸과 멸망에 빠지게 하는 것이라(딤전 6:9).

이와 비슷한 맥락에서 전도서 5:10은 이렇게 권면한다.

> 은을 사랑하는 자는 은으로 만족하지 못하고 풍요를 사랑하는 자는 소득으로 만족하지 아니하나니 이것도 헛되도다(전 5:10).

하지만 우리가 소원하는 대로 상황을 이끌어 올리려는 것은 마음에 바람을 불어넣는 헛된 수고와도 같다.

한쪽 다리는 아주 길고 다른 한쪽 다리는 아주 짧은 남자가 있다고 생각해 보자. 그는 쉽게 걸을 수 있을까? 그는 두 다리가 모두 짧은 사람들과도 모두 긴 사람들과도 잘 어울리지 못할 것이다. 길이가 서로 다른 그의 두 다리는 불편함만 더할 뿐 정상적으로 걸을 수 없을 것이다.

이 예화는 자신의 상황을 지나치게 초월한 욕심을 가진 사람의 상황을 잘 보여 준다. 누군가 가난하거나 부유한 것에 상관없이, 그의 소원이 무엇이든 그저 더 갖기를 원한다면, 그는 그리스도와 함께 걷는 영적인 걸음을 온전히 걸을 수 없을 것이다. 이와 반대로 비록 열악한 상황 가운데 있지만 자신의 상황에 알맞은 소망을 가진 사람이라면 그리스도와 함께 걷는 영적인 걸음을 쉽게 걸을 수 있을 것이다.

3. 터무니없는 욕심을 뿌리 뽑아낼 때 만족이 온다(뺄셈의 만족)

하나님이 기뻐하시지 않는 우리 안의 것들을 뿌리 뽑을 때 만족을 누릴 수 있다. 만족하는 그리스도인은 그의 마음에 자리 잡은 악한 욕망들을 뽑아내는 내면의 수술을 철저하게 하는 사람들이다. 더구나 이러한 생각은 세속적인 마음과도 대조적이다. 세속적인 마음은 우리가 만족을 얻기 위하여 외부로부터 무언가를 취해야만 한다고 말한다. 그러나 성경이 가르치는 만족은 우리의 내면에서 만족을 방해하는 것들을 뽑아내라고 말한다.

기억해야 할 것은, 만족은 내면적인 성향을 갖고 있다는 것이다. 만족은 외부적인 요소들과 아무런 상관관계가 없다. 엄밀하게 말하면, 만족은 우리 안에서 만족을 방해하는 것들을 반드시 제거해야 하는 내면적인 것이다. 그리스도인은 마음과 영혼의 전투에 참여하는 사람들이다. 우리는 분명히 그리스도를 알지 못하는 사람들의 마음과 영혼을 위해 전투에 참여하는 사람들이다.

교회의 위대한 신앙의 인물들은 마음에서 일어나는 이러한 영적 전투를 잘 수행한 사람들이었다. 인도의 위대한 선교사였던 헨리 마틴(Henry Martyn)은 영혼의 강력한 전투에 관하여 다음과 같이 기록하였다.

보트를 타고 인도를 여행하던 헨리 마틴을 따라가 보자.

"거룩한 것을 경험하는 것은 결코 쉽지 않다는 것을 깨달았다. 그래서 나는 열정을 가지고 지난 2년의 시간보다 더욱 열심히 노력하였다. 뱃멀미와 물 비린내가 주는 역겨움은 나를 질리게 만들었다. 영국에 있는 성도들과의 교제와 편안했던 모든 것들을 떠나 알지 못하는 땅으로 나아가는 것, 갖가지 질병과 오랜 시간 죄 가운데 머물러있던 사람들 때문에 미쳐버릴 것 같은 나의 마음을 추수리는 것으로 인해 영혼이 무거운 짐들로 짓눌리는 것 같다. 심장이 깨질 것만 같다."[2]

특히 선교사들은 선교지로 떠나면서 고향에 남겨 두고 온 편안하고 익숙한 것들과 싸워야 한다. 그리고 반드시 고난을 가져다 줄 선교지에서의 상황들을 충분히 받아들여야 한다.

그러나 이 전투는 어디까지나 어디서든 하나님의 사역을 감당하는 그리스도인들에게만 일어나는 실제적인 전투이다. 항상 편안함과 부유함과 명예와 특권을 누리려고 하는 사람들에게서는 이런 영적 전투를 찾아 볼 수 없다. 그리스도인으로서 이 세상의 것들에 대한 욕심과의 전투는 계속되어져야 한다. 물론 많은 그리스도인들이 전투를 위해 고군분투하지 않고 세상과 마음의 욕심에 쉽게 타협하기도 하지만 그들은 결코 만족을 누릴 수 없다. 우리의 영혼과 전투를 하는 우리의 욕심은 반드시 제거되어져야만 한다.

야고보는 싸움과 다툼의 원인이 우리 내면에 있다고 가르친다 (약 4:1-5). 흥미로운 것은, 다투고 있는 외적인 모습은 내면에서 일어나는 전투의 한 증상이라는 것이다.

---

[2] 존 파이퍼, 『열방을 향해 가라』(*Let the Nations Be Glad! : The Supremacy of God in Missions*), 김대영 역 (서울: 좋은씨앗, 2003), 73.

너희 중에 싸움이 어디로부터 다툼이 어디로부터 나느냐 너희
지체 중에서 싸우는 정욕으로부터 나는 것이 아니냐(약 4:1).

야고보는 계속해서 이 싸움의 성격은 내면적인 것이며, 이 싸움
이 다음과 같은 것들이 일어나게끔 한다고 말한다.

너희가 욕심을 내어도 얻지 못하며 살인하며 시기하여도 능히
취하지 못하므로 다투고 싸우는도다(약 4:2).

이 세상의 것들을 갈망하는 그리스도인들은 세상과 친구하기
때문에 하나님의 원수가 된다(약 4:4-5). 투쟁하는 욕망은 흔하게
경험될 수 있다(싸우는 그리스도인도 그렇다). 그러나 야고보의 해
결책은 타협하지 않는 것이다.

죄인들아 손을 깨끗이 하라 두 마음을 품은 자들아 마음을 성결
하게 하라(약 4:8).

다시 말하면, 우리 안에 있는 악한 욕망을 제거하는 것이다. 악
한 욕망을 제거하지 않고서는 그 누구도 평안을 누릴 수 없다. 이
와 같은 가르침은 성경의 다른 본문들에서 말하고 있는 금욕에 관
한 가르침과 정확하게 일치한다. 바울은 말한다.

그러므로 땅에 있는 지체를 죽이라 곧 음란과 부정과 사욕과 악한
정욕과 탐심이니 탐심은 우상 숭배니라(골 3:5).

그리스도인은 악한 마음을 품거나 이를 합리화해서는 안 된다. 그리스도인은 반드시 자신 안에 있는 정욕과 불결한 열정과 같은 악한 마음을 억제하고 가차 없이 죽여야 한다.

미국의 전 대통령 로널드 레이건(Ronald Reagan)은 "평화는 힘을 통하여 이루어진다"라는 슬로건을 유행시켰다. 그러나 그리스도인에게 있어서 평화는 오직 마음의 우상과 죄악을 제거하는 전투를 통해서만 이루어진다.

우리는 지금까지 만족에 관한 탐구를 전체적으로 어느 정도 살펴보았다. 처음에 우리는 만족을 배우는 것을 통해 탐욕을 극복할 수 있다는 말로써 이 탐구를 시작하였다. 동시에 우리는 탐욕을 죽임으로써 만족을 얻을 수 있다고 말했다. 만족의 수학공식은 이와 같이 뺄셈을 필요로 한다.

생각해 볼 문제들

1. 그리스도인이 자신의 죄의 무거운 짐을 지는 것이 옳다고 생각합니까? 당신은 거룩한 자기성찰을 통해 하나님이 당신의 마음에 있는 죄를 보여 주신 경험을 한 적이 있습니까? 죄와 관련된 당신의 경험은 로마서 7장의 바울의 경험과 일치합니까?

2. 당신은 죄의 짐을 지는 것이 다른 인생의 짐들을 어떤 영적인 관점으로 바라볼 수 있도록 한다는 사실과 또 그것이 거룩한 만족으로 이끈다는 사실에 동의합니까? 만약 그렇다면 혹은 그렇지 않다면 그 이유는 무엇입니까? 죄로 인한

짐을 지는 경험은 세상의 철학이 말하는 것과 어떻게 다릅니까?

3. 당신의 욕망으로 인한 인생의 무게를 짊어졌던 경험을 생각해 봅시다. 더 좋은 것을 찾던 욕심이 억제할 수 없는 욕망으로 당신을 이끌었던 경험이 있습니까? 당신은 이 세상의 것들을 통해 진정한 만족을 누려본 경험이 있습니까? 현재 주어진 상황에 만족하기 위하여 당신의 욕망을 억제하는 데 실제적으로 필요한 첫 번째 조취는 무엇입니까?

4. 당신의 마음에서 가장 지배적으로 죄악 된 욕망은 어떤 것입니까? 이러한 죄악 된 욕망을 억제하거나 죽이기 위해서 지금 당신에게 필요한 것은 무엇입니까?

7장

하늘을 사모하는 만족

플로렌스 채드윅(Florence Chadwick)은 영국해협을 왕복한 최초의 여성으로 아주 훌륭하고 유명한 수영선수였다. 1952년, 채드윅은 수영을 해서 미국 캘리포니아의 카탈리나 섬에서 캘리포니아 롱비치 해변까지 가는 것을 시도했다. 도전을 시작하는 날, 짙은 안개로 인해 방향을 알려주는 안내선 조차 채드윅을 제대로 따라갈 수 없었다.

카탈리나 섬을 떠나 수영을 시작한지 열다섯 시간이 되자 채드윅은 몹시 지쳐 있었다. 물 밖으로 꺼내 달라고 하는 그녀의 말에 사람들은 해변이 멀지 않았다는 말로 그녀를 격려하고 "할 수 있어!"를 외치며 응원하였지만, 더 이상 수영을 할 수 없을 만큼 지쳐 있던 채드윅은 결국 수영을 포기하고 물 밖으로 나와야만 했다. 하지만 그녀는 물 밖으로 나왔을 때 해변이 불과 몇 백 미터 정도 밖에 남지 않았다는 것을 알게 되었다.

채드윅은 리포터에게 이렇게 말했다.

"보세요. 제가 변명을 하려는 건 아니지만, 만약 제가 해변을 볼 수 있었더라면 포기하지 않고 끝까지 갔을 거에요."

그리고 두 달 후 그녀는 또 다른 수영 기록을 세운 최초의 여성이 되었다.[1]

만족하는 그리스도인은 시선을 최종 목표와 목적지인 천국에 고정시켜야 한다. 천국은 우리의 영원한 안식처이다. 천국을 생각하는 것은 그리스도인들이 앞으로 달려 나갈 수 있는 원동력이 된다. 그러나 무엇보다도 더욱 만족하는 그리스도인은 천국을 사모하는 사람들이다.

이 말은 모순되는 것처럼 보인다. 그렇다면 이 세상에서 유형의 집을 소유하고 있는 사람이 진정으로 만족한 사람이 아닌가? 만족의 본질은 아직 완전하게 이루어지지 않은 것을 찾는 것이나, 이 땅에서 평화를 찾는 것이나, 아직까지 완전히 이루어지지 않은 어떤 것을 찾는 것이 아니라 이 땅에서 평화를 찾는 것이 아닌가? 하지만 성경은 이 세상의 집이 영원한 집이 아니라는 것을 깨달을 때 진정한 만족을 누릴 수 있다고 가르친다. 천국은 천국을 바라보고 사모하는 자들에게 주어진다.

우리는 빌립보서를 통해서 천국을 사모하는 바울의 마음과 생

---

[1] D. A. 카슨, *A Call to Spiritual Reformation* (Grand Rapids: Baker Books, 1992), 61-62.

각이 어떻게 그가 만족을 얻는 것에 기여했는지를 볼 수 있도록 도와줄 것이다. 바울의 기록들은 자신의 만족에 관하여 말하기 전에 그리스도인의 인생관에 관한 바울의 중요한 두 가지 진술을 보여 준다(빌 4:11-13). 우리는 바울이 말했던 순서와 반대로 각각의 구절들을 살펴볼 것이다. 바울은 먼저 빌립보 교인들에게 우리의 시민권은 하늘에 있다고 가르친다(빌 3:20). 바울은 이어서 자신이 더 낫게 여기는 것은 이 세상을 떠나서 그리스도와 함께 있는 것이라고 말한다(빌 1:23).

1. 만족하는 그리스도인은 자신의 시민권이 하늘에 있음을 안다

사도 바울은 "그러나 우리의 시민권은 하늘에 있는지라 거기로부터 구원하는 자 곧 주 예수 그리스도를 기다리노니"(빌 3:20)라고 말했다. 빌립보 교인들에게 시민권은 매우 중요한 개념이었다. 로마식민지였던 빌립보 지역의 사람들은 로마시민권의 특권을 누릴 수 있었다. 빌립보는 많은 부분에서 로마를 모델로 삼았기 때문에 "작은 로마"로 불리기도 했다.

바울이 이 서신에서 시민권을 두 번이나 언급한다는 것은 중요한 의미를 갖는다. 바울은 "시민권"이라는 단어를 1:27에서 처음 사용하는데 여기서는 문자 그대로 빌립보 교인들에게 그리스도의 복음에 합당하게 "살아라"라고 말한다.[2] 시민권이 등장하는 두 번

---

[2] 여기서 "살아라"는 단어는 "시민권"을 나타내는 단어의 동사형이다(역자주).

째 본문은 다음과 같다.

자신들의 로마시민권을 소중하게 생각하는 빌립보 사람들의 태도와 하늘에 있는 시민권을 생각하는 빌립보 교인들을 대조하고 있는 것이다. 불신자는 이 세상의 시민권에 소망을 두고 다른 어떤 것보다 이 세상의 삶에 그들의 가치를 두겠지만, 그리스도인은 이 세상에서 순례자의 삶과 나그네의 삶을 살고 있다는 것을 기억해야 한다(벧전 2:11). 왜냐하면 그리스도인의 진정한 안식처는 하늘에 있기 때문이다.

성경을 믿는 그리스도인은 가끔씩 "지나치게 신령하여서 세상의 좋은 것은 그 어떤 것이라도 가지지 않으려고 해!"라는 비아냥거리는 소리를 듣게 되기도 한다. 그러나 우리는 이런 반응을 통해서 두 가지를 생각해 볼 수 있다.

첫째, 영국의 설교자 에릭 알렉산더(Erick Alexander)가 이에 대한 대답으로 "나는 오랫동안 사역을 하면서 '지나치게 신앙이 좋은' 사람을 결코 만나 본적이 없다"라는 말을 했다. 사실, 우리 모두는 세속적인 마음을 가지고 있다. 우리는 이 땅에서의 삶에 사로잡혀 있다. 하지만 우리에게는 이 세상의 것들에 초점을 맞추고 살아가는 방법이 무엇인지 가르쳐주는 계발서들이 필요하지 않다. 정말로 하늘의 것들을 추구하는 마음을 가진 사람들을 찾아보기가 어려운 현실이다.

둘째, 우리는 성경으로부터 우리가 하늘의 것을 추구하면 추구할수록 이 땅에서 더욱 가치 있는 사람이 된다는 사실을 발견할 수 있다. 바울은 골로새 교인들에게 가르친다.

위의 것을 생각하고 땅의 것을 생각하지 말라(골 3:2).

이 말은 땅의 것을 죽이라는 바울 자신의 편지에 나타난 윤리적인 교훈의 기본 뼈대와 같은 역할을 한다. 사랑 안에서 연합하며 하나가 되기 위하여, 가정이나 직장에서 맡은 바 책임을 다하기 위하여 이 세상의 것을 버려야 한다는 가르침이다. 세속적인 마음은 이기심과 함께 자신을 삼켜버리기 때문이다. 그러나 하늘의 것을 사모하는 마음은 하나님의 것을 구한다. 그리고 이것은 다른 사람들과 함께 살고 다른 사람을 섬기는 거룩한 삶으로 나타난다.

바울 역시 빌립보서 1장에서 자신의 마음의 소원은 자신이 죽어서 그리스도와 함께 있는 것이라고 하면서 그가 하늘의 것을 사모함을 보여 준다. 그러나 바울의 하늘을 사모하는 마음은 그에게 더 많은 사역을 불러온다. 바울은 "내게 사는 것이 그리스도니"라고 말한다.

그리고 이것이 바울로 다른 사람들을 위해 살게 하고 그리스도께서 하신 것을 마저 하게 했다(빌 1:21-26, 2:5-11).

자신의 시민권이 하늘에 있다는 것을 아는 그리스도인은 복음에 합당하게 "살아가는" 사람들이다(빌 1:27). 그러므로 그가 하늘에 어떤 가치를 두느냐에 따라 그의 삶이 결정되는 것이다. 이와 같은 사람들은 세속적인 사고를 버리게 되고 하늘의 것을 사모하면서 다른 사람들을 위해 사는 방식으로 이 땅에서 아주 가치 있는 사람이 된다.

이를 연구해 온 사람들 중의 한 사람으로서 제러마이어 버로스의 말은 특별히 주목할 만하다. 버로스의 말을 들어 보자.

"우리의 인생은 진주를 가득 실었거나 혹은 그 무엇과도 바꿀 수 없는 귀중한 것을 싣고 이 세상이라는 바다를 항해하는 사람들과 같다. 당신이 복음에 만족하며 살아갈 때에는 그곳에 보석가게가 있어 그 보석들이 당신을 영원토록 부자로 만들어 줄 것이다. 어떤 사람은 그의 모든 생각과 마음을 영원 전부터 가장 높은 곳에 계신 하나님으로부터 받을 복들을 위해 사용한다. 반면에 어떤 사람은 자신의 모든 생각과 마음을 세상의 것을 위해 사용하는데, 이것은 마치 자신에게 무거운 진흙을 싣는 것과 같은 것이다. 남자나 여자나 영원한 것으로 복을 받을 사람들이 있다. 천사와 함께 서서 그리스도 안에서 하나님의 값없는 은혜로 존귀하게 될 사람들이 있다. 그리고 또 다른 사람들이 있으니 그들은 자신의 생각과 마음을 세상의 것들에 사용하는 사람들이다. 그들 역시 영원한 복을 받을 수 있지만 땅의 것에 관심을 가지고 있다. 결국 그들은 자신들의 어리석음으로 인해 저주를 받게 될 것이고 영원토록 사람들과 천사들의 조롱과 멸시를 받게 될 것이다."[3]

하늘의 것을 추구하든지 땅의 것을 추구하든지, 우리는 스스로 귀중하게 여기는 것으로 향하게 될 것이다. 곧 우리가 추구하는 것에 따라 우리의 삶이 진주가 될 수도 있고 우리의 삶을 무겁게 하는 진흙이 될 수도 있다.

그러나 하늘에 대한 소망은 그리스도인의 삶을 만족시켜 준다. 하늘의 소망을 가지고 사는 사람이 만족 없이 두려움으로 바쁘기만 하고 소란스러운 일상에서도 쓰러지지 않는 이유는 폭풍 같은 인생 가운데서 평안을 누리기 때문이다. 이것이 가능한 이유는 두

---

[3] 제러마이어 버로스, *A Treatise on Earthly-Mindeness* (Soli Deo Gloria, 2008).

려움과 죄와 사망이 없는 하늘의 영광이 그를 둘러싸기 때문이다. 버로스는 "경건한 사람들의 영혼 안에는 천국이 있다"고 말했다. 그리고 그는 계속해서 "어떠한 영혼도 천국에 이를 수 없지만, 천국을 소유한 영혼은 가장 먼저 천국에 이를 수 있다"[4]고 말했다.

간단히 말하자면, 하늘을 소망하는 마음 없이는 어떠한 경건이나 만족에도 이를 수 없다는 것이다.

2. 만족하는 그리스도인은 그리스도와 함께 하기 위해 죽음마저도 기뻐하며 그리스도께서 주신 이 땅에서의 일들을 위해 열심히 노력한다

빌립보서 1:23에서 바울은 "차라리 세상을 떠나서 그리스도와 함께 있는 것이 훨씬 더 좋은 일이라"고 말한다. 이와 같은 바울의 말을 통해서 우리가 생각할 수 있는 한 가지 사실은 우리의 시민권은 하늘에 있다는 것이다. 그리고 또 다른 한 가지 사실은 그리스도인은 천국에 있기를 원한다는 것이다. 바울은 이 땅에서의 삶이 끝나고 그리스도와 함께 있기를 원한다. 이러한 바람은 바울이 만족을 이루는 것과 그리스도의 교회를 섬기기 위해 헌신하는 데 있어서 매우 필수적인 것이다. 그리고 천국을 향한 그의 강렬한 바람은 이 땅에서의 그의 삶으로 나타난다.

바울의 이러한 바람은 빌립보서 1:18-26 사이에 나타난 바울의 생각의 흐름을 보는 데 아주 중요한 역할을 한다. 대부분의 영어 성경은 정확하게 18절의 마지막 부분인 "나는 기뻐하고 또한 기

---

[4] 제러마이어 버로스, 『만족: 그리스도인의 귀한 보물』, 75.

뻐하리라"에서부터 새로운 단락을 시작한다. 그렇다면 19-26절은 바울이 기뻐하는 이유를 설명하는 부분이 된다. 우리는 이미 빌립보서에서 기쁨과 만족이 서로 긴밀하게 연결되어 있다는 것을 살펴보았다. 그러므로 18-26절은 바울이 어떻게 이러한 만족을 얻게 되었는지를 우리에게 설명해줄 것이다.

> …나는 기뻐하고 또한 기뻐하리라 이것이 너희의 간구와 예수 그리스도의 성령의 도우심으로 나를 구원에 이르게 할 줄 아는 고로 나의 간절한 기대와 소망을 따라 아무 일에든지 부끄러워하지 아니하고 지금도 전과 같이 온전히 담대하여 살든지 죽든지 내 몸에서 그리스도가 존귀하게 되게 하려 하나니 이는 내게 사는 것이 그리스도니 죽는 것도 유익함이라 그러나 만일 육신으로 사는 이것이 내일의 열매일진대 무엇을 택해야 할는지 나는 알지 못하노라 내가 그 둘 사이에 끼었으니 차라리 세상을 떠나서 그리스도와 함께 있는 것이 훨씬 더 좋은 일이라 그렇게 하고 싶으나 내가 육신으로 있는 것이 너희를 위하여 더 유익하리라 내가 살 것과 너희 믿음의 진보와 기쁨을 위하여 너희 무리와 함께 거할 이것을 확실히 아노니 내가 다시 너희와 같이 있음으로 그리스도 예수 안에서 너희 자랑이 나로 말미암아 풍성하게 하려 함이라(빌 1:18-26).

빌립보서 1:18 마지막 부분 "나는 기뻐하고 또한 기뻐하리라"와 19-26절의 관계는 18절 이후에 이어지는 설명 구절들로 분명하게 나타난다. "이것이"로 시작하는 19절과 "이는"으로 시작하는 21절은 바울이 자신이 말한 것에 관하여 더 구체적인 설명을 하고 있는 부분이다. 그러므로 22-26절의 내용은 21절의 "이는 내게 사는 것이 그리스도니 죽는 것도 유익함이라"는 바울의 말을 자세히 설명하는 부분이다. 결국 이 전체 단락은 바울이 기뻐하는 이유를 자세히 설명하기 위해 세밀하고도 정교하게 구성된 것이다.

우리는 여기서 바울의 생각이 어떻게 진행되고 있는지 바울의 생각을 따라가 볼 것이다. 바울은 "나는 기뻐하고 또한 기뻐하리라"고 말했던 자신의 말을 따라 이 단락을 시작한다. 19절에서 "이것이"라고 말하면서 자세한 설명을 시도한다. "이것이…나를 구원에 이르게 한다"(빌 1:19). 바울은 수감 중에 있는 자신의 현재 상황뿐만 아니라 괴로움을 더하게 하려는 다른 사람들의 방해를 알고 있지만(빌 1:12-18), 결국은 빌립보 교인들의 기도와 성령의 도우심으로 자유하게 될 것이라는 것을 알고 있었기 때문에 기뻐하는 것이다.

무엇보다 바울의 이러한 자신감은 그가 "부끄러워하지 아니하고 다만 그리스도가 자신의 몸에서 존귀하게 되기를" 원하는 자신의 소망과 기대에 일치하는 것이다(빌 1:20). 바울은 여기서 자신의 견고한 믿음을 분명하게 보여 준다. 바울이 마지막 순간에도 견고한 믿음을 잃지 않을 것인가? 바울은 자신의 힘으로는 그렇게 할 수 없다는 것을 안다. 그에게는 성령의 도우심이 필요하다. 그에게는 빌립보 교인들의 기도가 필요하다. 그래서 결국 바울 자신이 아닌 그리스도가 존귀하게 되시는 것이다. 그리고 이러한 그리스도의 존귀하게 되심은 바울이 살든지 죽든지 상관없이 일어나는 것이다.

빌립보서 1:21은 "이는"이라는 말로 시작하면서 또 다른 구체적인 설명을 한다.

이는 내게 사는 것이 그리스도니 죽는 것도 유익함이라(빌 1:21).

이 말은 바울의 모든 삶이 그리스도를 위한 것이라는 말로 바꾸어 표현할 수 있다. 지금 사시는 분은 그리스도이시다. 죽음도 유익한 것은 죽음 또한 그리스도가 더욱 살게 되시는 것이기 때문이다. 이것이 바로 바울이 살든지 죽든지 내 몸에서 그리스도가 존귀하게 되신다고 말하는 이유이다(빌 1:20). 만약 바울이 계속 살게 된다면 존귀한 그리스도를 볼 수 있을 것이다. 만약 바울이 죽는다면 그리스도에 대한 바울의 견고한 믿음 안에서 그리스도께서 존귀하게 되실 것이다.

이러한 믿음이 번갈아가면서 바울이 이 땅에서의 자신의 삶을 바라보는 데에 영향을 미쳤다. 만약 바울이 계속해서 육체 가운데 이 땅에 머물게 된다면 그에게 "열매 맺는 일"(빌 1:22)이 될 것이다. 뿐만 아니라 사는 것이 그리스도라는 사실은 바울로 하여금 교회들을 위해 그의 삶이 어떤 것이 최선인지를 생각하도록 하였다(빌 1:23-26). 비록 바울의 가장 간절한 바람은 죽어서 그리스도와 함께 있는 것이었지만, 자신이 이 땅에 남아 교회를 위해서 계속하여 수고하는 것이 더 필요하다고 바울은 생각했다. 그래서 바울은 현재 자신이 결정하기 원하는 선택으로 이 땅에 남기로 하였다. 결과적으로 바울의 삶은 그리스도중심적이며, 이는 이 땅에서 그리스도를 신실하게 섬기기 위한 자신의 책임으로 이끄는 바람이었다.

그렇다면 우리는 바울의 기쁨과 만족이 궁극적으로는 그의 종말론에 근거한다는 것을 생각해 볼 수 있다. 이 종말론은 곧 다가올 것을 바라보는 그의 영적인 안목이었다. 바울이 기뻐하는 이유는 그가 현재 어떠한 상황들 가운데 있더라도 궁극적으로 구원에 이르게 될 것이라는 사실을 알고 있었기 때문이다. 이것은 그가 죽든지 살든지 상관없이 그리스도께서 존귀하게 되시는 것을 의미한다. 그리고 이러한 방법은 바울에게 "사는 것은 그리스도이시므로 그가 죽는 것도 유익하다"라고 말하는 대목에서 정확하게 나타난다. 장래에 대한 바울의 소망은 이 땅에서의 자신의 삶이 어떻게 될 것인지에 관계없이 그에게 평안을 가져다주었다. 바울은 생명과 맞서고 있으므로 죽음도 담대하게 맞설 수 있었던 것이다.

그러나 바울이 누리는 평안과 만족의 본질적인 이유는 궁극적으로 그리스도와 자신과의 관계 그리고 교제에 있다. 바울 자신 안에 거하시는 분은 그리스도이시므로 죽는 것도 유익한 것이 확실한 이유는 사는 것과 죽는 것 모두 다 그리스도를 더욱더 누릴 수 있는 것이기 때문이다. 그리스도와 동행하려는 그의 마음과 그리스도로부터 누리려는 그의 만족 때문에 바울은 그리스도와 함께 하기 위해 죽는 것이 더 낫다고 말하는 것이다. 바울은 그리스도를 직접 대면하기를 간절히 바라고 있다. 그는 그리스도인들이 이 땅에서의 자신들의 삶을 마칠 때에만 이룰 수 있는 그리스도와의 더 밀접한 친밀함과 더 깊은 교제를 원하고 있다. 바울은 죽음을 두려워하지 않고 그리스도를 더욱더 누리기 위해 죽음을 바라고 있는 것이다.

사무엘 루더포드(Samuel Rutherford)가 작곡한 "이 세상 지나가고"(The Sand of Time Are Sinking)라는 찬송은 이러한 진리를 아름답게 묘사한다. 이 찬송의 1절은 고단한 삶 가운데 비취는 천국에 대한 소망을 표현한다. 그러나 2-4절은 천국을 맛보는 참된 기쁨, 즉 그리스도에 초점을 맞춘다.

1. 이 세상 지나가고 저 천국 가까워
   나 오래 기다리던 그 영광 보인다
   이 어둔 밤이 가고 새 날이 밝으니
   저 하늘나라 영광 참 밝게 빛난다.

2. 사랑의 구주 예수 단 샘물 내시니
   목마른 나의 영이 이 샘물 마신다
   이 세상 사는 동안 내 생수 되시고
   그 나라 이르러서 내 기쁨 되신다.

3. 내 주의 크신 은혜 그 깊은 사랑이
   내 평생 사는 동안 늘 차고 넘친다
   저 천국 이르러서 그 은혜 고마워
   주 보좌 앞에 나가 늘 찬송하리라.

4. 날 위해 고생하신 주 얼굴 뵈려고
   내 갈길 험악하나 쉬지 않고 나간다
   주 예수 신랑처럼 날 기다리시니
   큰 영광 중에 나가 주 얼굴 뵈리라.[5]

사람들이 천국에 가고 싶어 하는 가장 큰 이유는 지옥에 가는 것을 원하지 않기 때문이다. 그리고 다른 이유들을 살펴보면 죽어서 영광스러운 모습으로 변했을 사랑하는 사람과 다시 만기 위해

---

[5] 안네 쿠쟁, "The Resurrection and the Life Everlasting," 1857. 우리에게 잘 알려진 1984년판 찬송가 540장 "이 세상 지나가고"의 번역에 따랐다(역자주).

서, 이 땅에서 받는 고통들을 피하기 위해서, 심지어는 금으로 입혀진 거리들이 있는 아름다운 곳에서 더 이상의 눈물과 죽음 없이 즐겁게 살고 싶어서 라고 한다. 이러한 바람들이 잘못된 것은 아니다. 이 모든 것은 천국에 대한 성경적인 표현이기도 하다. 하지만 그리스도인이 천국을 소망해야 하는 무엇보다도 중요한 이유는 그리스도께서 거기 계시기 때문이다. 그리스도인은 영광스러운 모습으로 자신의 구주와 함께 거하면서 그리스도와 한없는 교제로 기쁨을 누리게 될 것을 소망한다. 우리는 그리스도와의 완전한 교제를 통해서만 참된 만족을 누릴 수 있다는 사실을 잘 알고 있다.

만족하는 그리스도인에게 사시는 분은 그리스도이시므로 죽음 또한 그리스도를 무한히 누릴 수 있는 것이다.

이제 우리는 빌립보서 1장에 나타난 하늘의 소망들이 어떻게 바울을 이 땅에서의 유익한 일들로 이끌고 있는지에 대해 살펴볼 것이다. 바울이 원하는 것은 그리스도가 원하시는 것이므로 바울은 기꺼이 자기 자신을 다른 사람들을 위해 내어주었다. 그의 삶은 계속해서 빌립보 교인들의 "믿음과 기쁨을 위한"(빌 1:25) 삶이 될 것이다. 바울은 "자기를 비워 종의 형체를 가지사 사람들과 같이"(빌 2:7) 되신 그리스도의 삶을 따랐다. 그리스도를 향한 바울의 소망은 자신의 마음에 그리스도의 성품을 새기도록 하였다.

하늘을 소망하는 그리스도인은 하나님의 교회를 위한 그분 자신의 선물이다. 그리스도인이 그리스도를 소망하는 이유는 그들이 현재 그리스도와 좋은 관계를 갖고 있기 때문이다. 그리스도를 소망하는 것과 교회를 위해 헌신하는 것 또한 헤어질 수 없는 길동무와 같다. 만족하는 그리스도인은 이 땅의 삶으로부터 도피하기 위해 천국을 소망하는 것이 아니다. 그는 이미 이 땅에서 그리스도와의 즐거운 교제를 누리고 있기 때문에 천국을 소망하는 것이다. 천국은 이미 그의 영혼 안에 있고 그에게 기쁨과 만족을 가져다준다.

또한 그리스도를 갈망하는 사람은 다른 사람들을 섬기는 그리스도의 도구로 사용된다. 그리스도와의 연합은 그리스도인을 변화시킬 뿐만 아니라 그를 그리스도와 같이 되게 한다. 그래서 그리스도인은 그리스도를 본받아 다른 사람들을 섬기는 존재이며, 이와 같은 삶은 그리스도인에게 만족을 가져다준다.

3. 하늘에 있는 귀중한 보물을 소망함으로써 만족을 누릴 수 있다

고난과 역경의 시간에도 불구하고 하늘에 있는 보물에 대한 소망은 그리스도인으로 하여금 만족을 추구하도록 한다. 바울은 로마서 8:18에서 이렇게 말한다.

> 생각하건대 현재의 고난은 장차 우리에게 나타날 영광과 비교할 수 없도다(롬 8:18).

이는 현실도피적인 공상이 결코 아니다. 그리스도인은 이 땅에서의 삶이 고통으로 가득하다는 것을 안다. 그러나 그들에게 있어서 천국의 실체는 끝이 없는 고통이나 허망함을 의미하는 것이 아니다. 바울은 계속해서 로마서 8장에서 이렇게 말한다.

> 그뿐 아니라 또한 우리 곧 성령의 처음 익은 열매를 받은 우리까지도 속으로 탄식하여 양자 될 것 곧 우리 몸의 속량을 기다리느니라 우리가 소망으로 구원을 얻었으매 보이는 소망이 소망이 아니니 보는 것을 누가 바라리요 만일 우리가 보지 못하는 것을 바라면 참으로 기다릴지니라(롬 8:23-25).

믿음의 사람이 소망을 가지는 이유는 이미 완성하신 그리스도의 사역 때문이며, 육체의 죽음 후에는 영광스러운 상급이 기다리고 있다는 하나님의 약속 때문이다. 그래서 그리스도인은 이러한 약속이 이루어지기를 간절히 바랄 뿐만 아니라 분명하고도 확실한 태도로 기다리는 것이다. 고린도후서에 나타나는 바울의 생각들을 들어 보자.

> 그러므로 우리가 낙심하지 아니하노니 우리의 겉 사람은 낡아지나 우리의 속사람은 날로 새로워지도다 우리가 잠시 받는 환난의 경한 것이 지극히 크고 영원한 영광의 중한 것을 우리에게 이루게 함이니 우리가 주목하는 것은 보이는 것이 아니요 보이지 않는 것이니 보이는 것은 잠깐이요 보이지 않는 것은 영원함이라…만일 땅에 있는 우리의 장막 집이 무너지면 하나님께서 지으신 집 곧 손으로 지은 것이 아니요 하늘에 있는 영원한 집이 우리에게 있는 줄 아느니라 참으로 우리가 여기 있어 탄식하며 하늘로부터 오는 우리 처소로 덧입기를 간절히 사모하노라 이렇게 입음은 우리가 벗은 자들로 발견되지 않으려 함이라 참으로 이 장막에 있는 우리가 짐 진 것 같이 탄식하는 것은 벗고자 함이 아니요 오히려

덧입고자 함이니 죽을 것이 생명에 삼킨바 되게 하려 함이라 곧 이것을 우리에게 이루게 하시고 보증으로 성령을 우리에게 주신 이는 하나님이시니라 그러므로 우리가 항상 담대하여 몸으로 있을 때에는 주와 따로 있는 줄을 아노니 이는 우리가 믿음으로 행하고 보는 것으로 행하지 아니함이로라 우리가 담대하여 원하는 바는 차라리 몸을 떠나 주와 함께 있는 그것이라 그런즉 우리는 몸으로 있든지 떠나든지 주를 기쁘시게 하는 자가 되기를 힘쓰노라(고후 4:16-5:9).

이 본문은 우리가 이미 살펴본 것들과 비슷한 주제를 포함한다. 예를 들어, 여기서 우리는 "하늘로부터 오는 우리 처소를 덧입기를 간절히 사모한다"라고 표현된 이 땅에서의 삶이 끝나는 것에 대한 소망을 볼 수 있다. 또한 앞서 언급한 그리스도를 위해서 살기를 바란다는 주제도 볼 수 있다.

> 그런즉 우리는 몸으로 있든지 떠나든지 주를 기쁘시게 하는 자가
> 되기를 힘쓰노라(고후 5:9).

그러나 이 본문에서 무엇보다도 가장 두드러지게 나타나는 것은 현재의 고난과 하늘의 영광 사이의 뚜렷한 대조이다. 이 세상의 삶은 일시적인 고난과 탄식하는 경험들로 이루어져 있다(로마서 8:23에서도 똑같은 표현이 등장한다). 동시에 바울은 그리스도인들에게 다가올 것에 대한 분명한 확신을 요구한다. 그리스도인들은 이 땅의 삶을 초월하여 "이 세상의 모든 고난의 짐과는 비교할 수 없는 무게의 영원한 영광"을 바라보아야 한다고 권면한다. 이

러한 생각은 그리스도인들을 견고하게 하며 또 계속해서 그들을 견고하게 만든다. 왜냐하면 이러한 진리가 그들에게 기쁨과 만족을 주기 때문이다.

극심한 고난을 당하는 동안 하늘의 영광을 바라보는 소망과 하나님의 보좌가 곁에 있다는 생각은 그리스도인들에게 안전함과 하늘에 대한 확신과 평안을 준다. 우리의 삶의 마지막이 안전할 때 그리스도인은 하나님께서 그의 모든 고난을 친히 다스리고 계신다는 사실과 또 자신의 삶이 그리스도 안에서 하나님께 숨겨져 있다는 사실을 아는 것으로 담대하게 죽음에 맞설 수 있다. 사실, 이 땅에서 성도가 누리는 그리스도와의 교제는 하늘의 영광을 미리 맛보는 것이다. 지금 이 땅에서 하늘의 영광을 경험하는 것은 그의 영혼을 기쁨으로 가득 채우며 그로 하여금 하늘의 영광을 더욱 사모하도록 하는 것이다.

그래서 이 세상의 것에 평안을 찾고 있는 사람들은 결코 누릴 수 없는 것들을 그리스도인들은 이 땅에서 누릴 수 있다. 이 세상은 우리를 만족시킬 수 없다. 이것은 바람을 잡으려는 것과 같이 허무한 일이다. 물론, 만약 이 세상이 전부라면 이 세상의 것들이 제공하는 평안을 찾는 것 외에 다른 방법은 없을 것이다. 그러나 눈에 보이는 이 세상이 전부가 아니다.

그리스도인들은 보이는 것으로 보지 아니하고 보이지 않는 것으로 보는 사람들이다. 그리스도인들은 자신의 눈을 하늘에 고정시키고 이 세상의 고난들이 다만 그를 위해 준비되어진 것을 믿는다.

이 세상의 모든 고난과는 비교할 수 없는 무게의 영원한 영광이라.

그래서 하늘의 영광을 더욱 사모한다. 하늘을 사모하는 것은 곧 이 땅에서 만족을 누린다는 것을 의미한다.

생각해 볼 문제들

1. 일상에서 하늘의 영광에 대하여 생각할 때, 당신은 이로 인해 기쁨과 만족을 누려본 적이 있습니까? 삶 가운데서 우리는 어떻게 하늘을 사모하는 마음을 가질 수 있습니까?

2. 당신은 자신을 하늘의 시민권자라고 생각합니까? 만약 그렇다면 그리고 만약 그렇지 않다면 그 이유는 무엇입니까? 하늘의 시민권자로 사는 것이 우리로 하여금 어떻게 이 땅에서 더욱 가치 있는 삶을 살도록 합니까?

3. 이 땅에서의 그리스도와의 교제가 어떻게 그리스도인으로 하여금 죽어서 그리스도와 함께 있기를 소망하도록 합니까? 당신은 이를 좋은 바람이라고 생각합니까? 이러한 바람은 그리스도인을 신실한 믿음과 만족으로 어떻게 이끕니까?

8장

하나님을 기뻐함으로 누리는 만족

그리스도인은 천국을 사모함으로써 만족을 누릴 수 있다. 그러나 천국은 이미 경건한 그리스도인의 영혼 안에 있다. 천국을 누리는 기쁨 역시 만족을 가져다준다.

천국을 누리는 기쁨은 충만하고 방해받지 않는 하나님을 아는 지식이며 주님의 얼굴을 대면하고 그분과 친밀한 교제를 누리는 것이다. 천국을 누리는 기쁨은 주님의 임재 가운데, 주님을 예배하는 가운데, 주님으로 인해 기뻐하는 가운데 있다. 또한 주님의 위로와 평안을 아는 것이며, 하늘의 성문들을 닫을 필요가 없기 때문에 밤이 없고 두려움이 없는 것이다(계 21:25).

그리스도인들은 믿음으로 이러한 즐거움을 현실에서 경험하게 된다. 그리스도인은 그리스도를 통하여 하나님과의 관계 안에 있는 사람이다. 그리스도인은 하나님과 교제와 사귐을 가지는 사람이다. 그리스도인은 개인적으로 하나님을 친밀하게 아는 사람이다. 하나님이 당신 스스로 그리스도인들과 영원한 혼약을 하셨다는 사실과 그 누구도 하나님의 손안에 있는 그들을 빼앗을 수 없다는 사실에 그리스도인들은 위로와 평안을 누린다.

그리스도인은 지금 함께 하시는 하나님과의 즐거운 교제 안에서 만족을 누린다.

빌립보 교회에 보내는 바울의 편지에는 두 가지의 주제가 두드러지게 나타난다. 첫 번째 주제는 성도의 기쁨이며, 두 번째 주제는 그리스도와 성도의 연합이다. 이 두 가지 주제는 쉽게 풀 수 없는 실타래와 같다. 그리스도와 성도의 연합은 그리스도와 성도가 맺고 있는 관계를 다른 방법으로 표현한 것이다. 그리고 이러한 관계는 그리스도인의 마음속에 흘러넘치는 기쁨의 샘의 근원이 된다.

사회적인 존재인 인간은 다른 사람들과 관계를 맺고 살아가도록 지음을 받았다. 이것은 하나님의 형상 안에서 지음을 받은 존재의 특징 중에 하나이기도 하다. 성경은 한 하나님이 성부, 성자, 성령이라는 세 분의 위격으로 존재하시며, 이 세 분의 위격이 영원한 교제 가운데 함께 거하신다고 가르친다. 이와 마찬가지로 우리도 다른 사람들과의 관계 속에서 살아가도록 지음을 받았다. 그러나 우리는 특별히 하나님과의 교제와 사귐 속에서 살아가도록 지음을 받았다. 만약 우리가 이것을 놓치면 우리의 삶은 혼란과 불만족으로 휩싸이게 될 것이다.

어거스틴이 우리에게 말한다.

"우리의 영혼은 당신 안에서 쉼을 누릴 때까지 결코 쉴 수 없습니다."[1]

그리스도인의 평안과 만족은 근본적으로 그리스도 안에서 하나님과의 관계를 통하여 온다.

그래서 사도 바울은 그리스도와 성도의 연합은 영광스러운 진리라고 강조한다. 바울은 그의 편지에서 이러한 연합을 아주 다양한 방법으로 표현하고 있다. 그 중에서 특히 우리에게 잘 알려진 "그리스도 안에서"(또는 주 안에서, 그분 안에서, In Christ)라는 표현을 눈여겨 볼 필요가 있다. 바울은 이 표현을 그리스도인이 되는 것과 그리스도인의 삶에 대하여 말하기 위해서 다른 어떤 표현들보다 더 자주 사용한다.

바울의 편지들 가운데 이 표현은 약 160회 이상 등장하기 때문에 빌립보서에서 그리스도와 성도의 연합이라는 표현을 발견하는 것은 그리 놀랄만한 일이 아니다. 또한 이러한 표현은 그의 편지 안에서 바울의 전체 논지를 뒷받침하는 것이기도 하다.

바울은 **"그리스도 예수 안에서 빌립보에 사는 모든 성도들"**(빌 1:1)이라는 말로써 빌립보서를 시작한다. 그는 말하기를 그가 감옥에 갇힌 것은 **"그리스도 안에서"**(빌 1:13) 일어난 것이라고 한다. 그리고 빌립보 교인들의 자랑의 풍성함은 **"그리스도 안에"**(빌

---

[1] 어거스틴 *The Confessions of St. Augustine*, trans. Rex Warner (New York: Penguin Books, 1963), 17.

1:26; 3:3) 있다고 한다.

그들이 하는 권면은 "**그리스도 안에**"(빌 2:1) 있는 것이며, 바울이 스스로 가지는 바람은 "**주 안에**"(빌 2:19) 있는 것이며, 확신도 "**주 안에서**"(빌 2:24) 하는 것이다. 또한 바울은 그리스도를 아는 지식을 말하며(빌 3:8, 10), 그리스도를 얻고(빌 3:8), 자신이 "**그 안에서**"(빌 3:9) 발견되며, 그의 고난과 죽음을 본받을 뿐만 아니라 그의 부활의 권능에도 참여하고자 한다(빌 3:10).

그리스도 예수는 바울을 붙드시고 바울을 그분의 것으로 만드셨다(빌 3:12). 이제는 바울이 푯대를 향하여 그리스도 "**예수 안에서**"(빌 3:14) 하나님이 위에서 부르신 부름의 상을 위하여 달려간다. 성도들은 "**그리스도 안에서**"(빌 4:1), 견고하게 서서 "**주 안에서**"(빌 4:2) 같은 마음을 품어야 한다.

하나님의 평강은 "**예수 그리스도 안에서**" 성도들의 마음과 생각을 지키시며, 하나님의 영광의 풍성함들이 "**그리스도 안에서**"(빌 4:19) 발견될 것이다.

따라서 "주 안에서 기뻐하라"고 빌립보 교인들을 권면하는 바울의 말을 듣는 것은 너무나 자연스러운 것이다(빌 3:1; 4:4; 4:10). 그리스도와 성도의 연합은 그리스도인의 삶에 있어서 필수적일 뿐만 아니라 그들의 기쁨과 만족의 근원이라고 할 수 있다.

이제 우리는 신약의 다른 부분에서 "그리스도와 성도의 연합"이 갖는 또 다른 의미들에 대해서 살펴볼 필요가 있다. 즉 성경 안에서 그리스도와 성도의 연합에 대하여 말하는 다른 방법들이다. 영적인 연합의 개념은 바울의 "성도 안에 있는 그리스도"(갈 2:20; 골 1:27)라는 표현에서 가장 분명하게 나타난다. 이것은 "그리스도와 성도의 연합"을 표현하는 또 다른 방법일 뿐이다.

만약 우리가 다른 누군가와의 관계나 연합에 대하여 말하는 오늘날의 다양한 표현들을 생각할 수 있다면 "그리스도와 성도의 연합"에 관하여 말하는 다양한 표현들도 쉽게 이해할 수 있을 것이다. 우리는 회사의 사업적인 구조조정의 한 종류로써 연합이나 합병에 대해서 말할 수 있을 것이다. 이와 마찬가지로 사람들이 각자의 비즈니스 파트너십을 가지는 것은 흔한 일이다. 그러나 이러한 연합은 남편과 아내가 갖는 결혼과 같은 연합과는 분명한 차이가 있다. 후자의 것은 더 깊고 친밀한 차원이며 합법적이고 물리적이며 영적인 연합을 포함한다.

신약에서 "그리스도와 성도의 연합" 교리를 연구하게 되면 비록 복잡하게 엉켜있지만 서로 밀접한 관계를 가지고 있는 두 가지 다른 형태의 연합을 찾아볼 수 있다. 하나는 언약적인 또는 대표적인 연합이라고 하는 것이며, 다른 하나는 실존적인 또는 영적인 연합이라고 하는 것이다. 이 두 가지 형태 모두 다 형언할 수 없는 만족의 근원이 된다.

1. 성도는 은혜언약에서 만족을 찾을 수 있다

무엇보다 성도는 언약 관계에서 그리스도와의 연합을 가진다. 그리스도는 우리의 언약의 머리가 되시고 대표자이시며 언약의 중보자와 보증인이 되신다. 우리가 모든 축복과 언약의 약속들을 받을 수 있는 이유는 그리스도 때문이다. 우리가 예수 그리스도와의 언약적인 연합 안에 있기 때문에 하나님의 모든 약속이 우리에게 오는 것이다.

바울은 고린도전서에서 "아담 안에서" 있는 것과 "그리스도 안에서" 있는 것을 분명하게 대조시킨다(고전 15:22). "아담 안에서"는 모든 사람이 죽지만 "그리스도 안에서"는 모든 사람이 생명을 얻는다. 여기서 바울의 핵심은 신화적이거나 영적인 연합에 대해서 말하는 것이 아니다. 오히려 그리스도의 몸인 교회의 머리와 대표자로서 우리가 아담에게 속했는지 그리스도에게 속했는지에 대한 문제를 다루는 것이다. 이것이 바로 바울이 성도들에게 그리스도와 함께 죽고 그리스도와 "함께 살"(롬 6:8) 것이라고 말할 수 있는 이유이다. 왜냐하면 그리스도는 몸의 머리가 되시고 대표자가 되시기 때문이며, 그리스도에게 일어난 일이 성도들에게도 일어날 것이기 때문이다.

이러한 진리 안에서 복음은 그리스도가 이 모든 것을 행하셨다고 증거한다. 우리가 하나님과 함께 거할 수 있는 이유는, 이 모든 것이 우리가 한 일이 아니라 전적으로 그리스도께서 하신 일에 달려 있기 때문이다. 당신의 백성에게 하신 하나님의 언약의 모든 약속은 반드시 이루어진다. 왜냐하면 이 모든 약속은 불완전하고 불순종하는 사람의 노력에 근거하는 것이 아니라 "그리스도 안에서" 아멘이 되는 약속이기 때문이다(고후 1:19-21). 사실, 이러한 기초적이며 언약적인 연합은 영원 이후까지 계속된다. 하나님은 이 세상의 기초를 놓으시기 전에 그리스도 안에서 우리를 택하셨다(엡 1:4). 예수 그리스도와 성도의 언약적 연합은 흔들릴 수도 파괴될 수도 없다.

이와 같은 언약적 배경으로 인하여 바울은 다음과 같이 자신의 소망을 기록한다.

> 그리스도 안에서 발견되려 함이니 내가 가진 의는 율법에서 난 것이 아니요 오직 그리스도를 믿음으로 말미암은 것이니 곧 믿음으로 하나님께로부터 난 의라(빌 3:9).

바울은 그가 하나님과 함께 서는 것이 자신의 노력이나 자신의 의에 달려있는 것이 아니라는 점을 알고 있다. 오히려 자신의 의가 그리스도와의 연합으로부터 온 것이며 하나님으로부터 온 선물이라고 믿는다(빌 3:4-7). 로마서 5장에서 바울은 그리스도의 순종 때문에 하나님의 의의 선물이 주어졌다는 것을 분명하게 말한다(롬 5:15-19).

반대로 성도는 그리스도에게 연합되어졌기 때문에 그리스도의 의가 성도의 의가 된다. 이렇게 성도들에게 의가 주어진다고 말하는 것은 그리스도께서 죄가 없으신 것처럼 성도 역시 개인적으로 죄가 없게 된다는 의미가 아니다. 오히려 그리스도의 의가 성도에게 전가되는 것이다. 이것은 성도의 상태가 높게 평가되어지는 것이다. 하나님이 성도를 보실 때 하나님과 성도가 함께 있다는 점에서 성도를 죄인으로 보시지 않고 그리스도의 의로 옷 입은 사람들로 보시게 된다. 또한 이와 같이 하나님의 인정과 용납해주심으로 말미암아 성도는 하나님과 올바른 관계를 가질 수 있게 된다.

이는 그리스도를 신뢰하는 자들의 큰 기쁨의 근원이다. 이 진리를 알고 날마다 묵상하는 사람은, 최후의 날에 하나님과 함께 하는 것이 우리 자신의 힘과 수고에 달려있는 것이 아니라는 사실을 깨달을 때 기쁨과 만족을 누리게 된다. 우리가 하나님과 함께 할 수 있는 것은 그리스도께서 완성하신 사역과 성도에 대한 하나님의 용납하심을 성도들에게 전달하시는 성령의 사역 때문이다. 그래서 믿음은 하나님이 주신 선물을 받음으로써 그리스도께서 하신 일을 믿는 것이며 오직 그리스도 안에서 쉼을 누리는 것이다.

제러마이어 버로스는 은혜언약을 통해 만족하는 것에 대하여 말했다. 성도는 자신이 예수 그리스도와 변함이 없으며 깨어질 수 없는 관계에 있다는 사실을 깨달을 때 겸손하게 되며 완전한 자신감과 만족을 누리게 된다. 다윗은 죽음 앞에서 그는 이렇게 고백한다.

> 내 집이 하나님 앞에 이 같지 아니하냐 하나님이 나와 더불어 영원한 언약을 세우사 만사에 구비하고 견고하게 하셨으니 나의 모든 구원과 나의 모든 소원을 어찌 이루지 아니하시랴(삼하 23:5).

다윗의 삶은 모든 순간이 순조롭고 평탄하지 않았다. 또한 그는 자신의 죽음 이후에 임할 환난을 알고 있었지만 하나님의 영원한 언약 안에서 평안하게 쉼을 누렸다. 다윗은 여전히 하나님의 언약을 자신의 피난처로 삼았기 때문이다.

한 작가는 언약을 "피로 맺어진, 전능하신 주권"[2]이라고 표현한

---

[2] 팔머 로벗슨, 『선지자와 그리스도』(*The Christ of the Covenants*), 한정건 역(서울: P&R, 1980), 15.

다. 왜냐하면 하나님은 그리스도의 생애, 죽음, 부활 그리고 승천을 통하여 당신의 백성과 함께 영원한 관계를 세우셨기 때문이다. 그리스도인이 고난과 역경 가운데서도 동요하지 않을 수 있는 이유는 하나님과 그들의 관계가 안전하다는 것을 알기 때문이다.

현대인의 삶 가운데 비극 중 하나는 더 이상 결혼을 언약으로 이해하지 못한다는 것이다. 즉 오직 죽음의 고통으로 인해서만 깨어질 수 있는 엄숙한 결합이 의미를 잃어버리게 된 것이다. 물론 결혼생활은 쉬운 것이 아니기 때문에 서로가 "오직 죽음만이 우리를 나눌 수 있다"는 신념 안에 있을 때 결혼생활에서 오는 어려움들을 인내하고 극복할 수 있다. 이러한 신념이 없다면 결혼생활은 마치 흔들리는 땅에 서 있는 것같이 위태로울 것이다. 그러나 하나님의 언약은 우리에게 항상 안전하고 굳건한 반석이 된다. 성도는 그런 하나님의 언약 안에서 만족을 누릴 수 있다.

현대인들에게 창세기 15장의 내용은 이상하게 느껴질 수도 있다. 이 본문에서 하나님은 아브라함에게(그때에는 아브람이라고 불렀다) 다양한 종류의 짐승들을 가져오라고 말씀하신다. 아브라함이 하나님의 말씀대로 짐승들을 가져와서 반으로 쪼갠 후에 쪼개진 고기를 각각 마주보도록 두었다. 그후 하나님은 아브라함을 깊은 잠이 들게 하시고 연기 나는 화로와 불타는 횃불 모양으로 반으로 쪼개진 고기 사이를 지나가셨다.

이것은 어쩌면 잔인하게 보일 수도 있는 이상한 장면이다. 이 본문은 무엇을 의미하는가? 고대 근동지방 사람들 간에 맺었던 계약 문화를 이해한다면 이 본문이 보여주는 중요한 의미를 찾게 될 것이다.

고대 근동지방 사람들은 계약을 맺을 때 짐승들을 반으로 쪼개어 놓고 계약의 두 당사자가 그 쪼개진 고기 사이로 함께 걸어갔다. 짐승을 쪼개는 것은 구약의 언약 언어에 반영되어 있다. 히브리어로 언약을 문자적으로 해석하면 "언약을 자른다(쪼갠다)"라는 뜻이 된다. 언약의 두 당사자가 반씩 쪼개진 짐승들 사이로 걸어가는 것은 "만약 우리가 함께 세운 이 계약 조항을 지키지 않을 시에 나의 목숨이 이 쪼개어 놓은 짐승들과 같이 될 것입니다"라는 맹세의 의미이다. 결국 언약은 죽음의 고통으로만 깨어질 수 있는 것을 보여 준다.

창세기 15장의 영광스러운 메시지는, 만약 당신이 언약을 지키지 않을 시에 하나님께서 친히 자기 백성을 위하여 쪼개어 놓은 짐승과 같이 될 것이라고 말씀하시는 것이다. 이것은 구약의 상황에서 십자가에 달리신 그리스도를 미리 보여주는 것이다. 하나님의 아들은 은혜언약 아래에 있는 자기 백성들의 죄를 위하여 죽임을 당하셨다.

하나님의 은혜언약은 엄청난 맞바꿈을 가져왔다. 그리스도가 우리의 죄를 가져가시고 우리의 죄로 말미암아 우리가 받아 마땅한 하나님의 진노를 그리스도께서 대신 받으셨다. 그로 인해 우리의 죄는 용서되었고 그리스도 안에서 저주도 정죄도 없게 되었다.

그러나 이것이 전부가 아니다. 그리스도를 신뢰하고 믿음으로 그와 연합한 사람들은 그리스도의 의를 갖게 되었다. 그러므로 어느 누구도 그리스도의 의와 하나님의 의롭다 칭하심을 받지 않고서는 구원이 없다. 어떤 사람들은 자신의 선한 일 자랑하기를 좋아한다. 그러나 우리의 노력으로는 하나님의 완벽한 기준에 결코 이를 수 없다. 우리는 오직 그리스도께서 우리에게 주신 그분의 의를 통해서만 구원받을 수 있다.

은혜언약 아래에 있는 이러한 엄청난 변화는 그리스도인이 누리는 평안과 쉼에 아주 중요한 원천이 된다. 이러한 변화를 말하는 이유는 구원의 근거가 우리의 행함이나 감정에 있는 것이 아니기 때문이다. 우리 구원의 근거는 우리를 위하여 행하신 그리스도의 완성된 사역에 있기 때문이다. 그리스도인은 하나님의 언약을 신뢰함으로 만족을 누릴 수 있다.

그러나 우리는 또한 언약의 약속들 안에서 만족을 누릴 수 있다. 성경을 포함한 고대의 세계에서 약속은 계약의 핵심요소였다. 한 당사자가 어떤 것들을 이행하겠다고 약속할 때 다른 당사자는 같은 방법으로 반응을 해야 했다. 창세기 15장을 다시 살펴본다면, 언약의 예식은 아브라함에 대한 하나님의 약속들로 이루어져 있다는 것을 알 수 있다. 아브라함이 짐승들을 쪼개기 전에 하나님은 아브라함에게 그의 자손들이 하늘의 별과 같이 될 것이라고 말씀하셨다. 그리고 약속의 땅을 주시겠다고 아브라함에게 약속하신 후에 하나님은 쪼개진 짐승들 사이로 지나가셨다.

> 그 날에 여호와께서 아브람과 더불어 언약을 세워 이르시되 내가 이 땅을 애굽 강에서부터 그 큰 강 유브라데까지 네 자손에게 주노니 곧 겐 족속과 그니스 족속과 갓몬 족속과 헷 족속과 브리스 족속과 르바 족속과 아모리 족속과 가나안 족속과 기르가스 족속과 여부스 족속의 땅이니라(창 15:18-21).

여기서 하나님은 쪼개어 놓은 짐승들 사이를 지나가심으로 위와 같은 모든 약속을 지키시겠다는 확증과 보증을 하셨다.

동일하게 그리스도의 죽음은 그리스도인에게 하나님의 약속이 성취될 것이라는 보증을 확증해준다. 바울이 기록한 대로 "하나님의 약속은 얼마든지 그리스도 안에서 예가 된다"(고후 1:20).

그렇다면 여기에는 어떤 약속들이 포함되어 있는가? 하나님이 자기 백성에게 주신 약속 안에서 평안을 누리고 그 약속을 기억하고 생각하는 것은 유익한 일이다. 청교도 목사 사무엘 클라크(Samuel Clarke)는 이러한 약속들을 우리가 삶에서 겪게 되는 다양한 상황들에 따라 여러 가지 항목으로 분류하였다. 물론 나는 여기서 클라크가 분류한 모든 항목을 다시 나열하려는 것은 아니다. 나는 독자들이 클라크의 이러한 분류 작업을 보면서 하나님의 귀중한 약속들을 묵상할 수 있길 격려한다(『하나님의 약속들』로 알려져 있다). 여기서 우리의 목표는 하나님이 자기 백성에게 하신 몇 가지 중요한 약속들을 깊이 생각해보는 것이다.

첫째, 하나님은 결코 당신의 자녀들을 떠나시거나 버리지 않으신다. 하나님은 이 약속을 여호수아에게 처음으로 주셨다. 하나님은 이러한 약속으로 부름을 받은 여호수아가 자신의 명령들을 잘 수행할 수 있도록 그를 격려하셨다(수 1:5). 여호수아는 하나님께서 항상 그와 함께 하신다는 약속 때문에 강하고 담대할 수 있었다. 그러나 이 약속은 성경 전체에 걸쳐서 다양한 방법으로 반복되어 모든 하나님의 사람들에게 주어졌다. 우리는 이 약속을 히브리서 13:5의 만족하라는 문맥 가운데서 가장 분명하게 찾아볼 수 있다.

돈을 사랑하지 말고 있는 바를 족한 줄로 알라 그가 친히 말씀하시기를 내가 결코 너희를 버리지 아니하고 너희를 떠나지 아니하리라 하셨느니라(히 13:5).

성도는 하나님의 공급하심 안에서 만족을 누릴 수 있어야 한다. 왜냐하면 하나님은 성도를 버리지 않으시고 그에게 필요한 것을 공급하시기 때문이다.

둘째, 하나님의 언약의 "귀중한 약속"은 "너희 안에서 착한 일을 시작하신 이가 그리스도 예수의 날까지 이루실 줄을 우리는 확신하노라"(빌 1:6)는 말씀이다. 하나님은 그의 백성들 안에서 당신이 하고 계시는 일을 완전히 수행하신다. 일을 시작하였지만 결코 끝을 내지 못하는 많은 사람들과는 달리 하나님은 항상 시작하신 일을 친히 이루신다. 이것은 특별히 거룩해지기 위해 노력하는 우리들에게 큰 위로의 약속이 된다. 우리 자신의 죄의 무게를 보게 되거나 혹은 여러 가지 유혹으로 인해 넘어질 때 우리의 삶을 변화시키시는 사역을 쉬지 않으시는 하나님으로 인해 우리는 위로를 받을 수 있다. 하나님이 우리를 그리스도의 형상으로 변화시키시며 그 약속을 이루실 때까지 우리 안에서 시작하신 일을 중단하지 않으신다(롬 8:29-30).

셋째, 하나님은 "하나님을 사랑하는 자 곧 그의 뜻대로 부르심을 입은 자들에게는 모든 것이 합력하여 선을 이루느니라"라는 말씀을 약속으로 주셨다(롬 8:28). 이 구절은 로마서 8장에서 고난과 박해의 문맥 가운데 등장하는 구절이다(롬 8:18, 35-36). 고난 가운데 그리스도인은 자신의 고난과 역경에는 의미가 있으며 건설적인 목적이 있다는 것을 알게 될 때 만족을 누릴 수 있다. 하나님은 그의 영광과 우리의 유익을 위하여 일하고 계시기 때문에 우리는 좌절할 이유도 좌절할 필요도 없다.

넷째, 동일하게 영광스러운 본문에서 하나님은 단지 우리를 양육하실 뿐만 아니라 자비롭게 행하심으로 우리에게 모든 것을 주실 것이라고 약속하신다.

> 자기 아들을 아끼지 아니하시고 우리 모든 사람을 위하여 내주신 이가 어찌 그 아들과 함께 모든 것을 우리에게 주시지 아니하겠느냐 (롬 8:32).

하나님은 그의 오른손에 있는 풍성한 복들로 그리스도인의 삶을 보증하신다. 하나님은 인색하게 주는 분이 아니시다. 그리스도인의 삶은 그리스도 안에서 기쁨과 환희를 맛볼 수 있다.

우리는 계속해서 하나님의 영원한 약속들을 묵상하며 그 약속들을 따라가야 한다. 하나님의 약속은 우리를 보호하고("그들을 내 손에서 빼앗을 자가 없느니라"[요 10:28]) 우리에게 능력을 주고("너희가 권능을 받고"[행 1:8]) 하나님을 증거하게 하며("너희는 내 증인이 되리라"[행 1:8]) 필요한 모든 것을 공급하여 준다("너희 하늘 아버지께서 이 모든 것이 너희에게 있어야 할 줄을 아시느니라"[마 6:32]). 그러나 가장 중요한 하나님의 언약의 약속은 하나님이 우리와 함께 하신다는 하나님의 임재에 대한 약속이다.

2. 그리스도인은 하나님과의 언약관계 안에서 만족을 누릴 수 있다

하나님과 그의 백성의 관계는 언제든지 분리될 수 있는 허무한 관계가 아니며 상호 간에 주고받을 수 있는 법적인 관계도 아니다. 오히려 하나님은 은혜언약을 통하여 자기 백성에게 친히 오시는 분이다. 하나님의 은혜언약의 핵심은 두 부분으로 이루어진 약속이다.

> 그들은 내 백성이 되겠고 나는 그들의 하나님이 되리라(레 24:7).

또는 간단하게 "내가 너와 함께 있을 것이다"라는 약속이다. 은혜언약 안에서 하나님은 당신의 백성들을 자신의 특별한 소유로 삼으시기 위하여 그들을 취하셨다. 하나님은 그들 가운데 거하시겠다고 약속하셨다.

그러나 이러한 약속이 전부가 아니다. 하나님은 단지 그들과 함께 계실 뿐만 아니라 그들 안에 거하실 것을 약속하셨다. 하나님은 자기 백성 각각의 마음속에 거처를 삼으신다. 예수님은 제자들에게 이렇게 말씀하셨다.

> 내가 아버지께 구하겠으니 그가 또 다른 보혜사를 너희에게 주사 영원토록 너희와 함께 있게 하리니 그는 진리의 영이라 세상은 능히 그를 받지 못하나니 이는 그를 보지도 못하고 알지도 못함이라 그러나 너희는 그를 아나니 그는 너희와 함께 거하심이요 또 너희 속에 계시겠음이라(요 14:16-17).

성령이 거하시는 두 가지 특징을 주의해서 보면 "너희와 함께" 그리고 "너희 안에"라는 표현이 있다. 성령은 단지 자기 백성 가운데 임재하실 뿐만 아니라 그들과 함께 계신다. 예수님은 계속해서 우리 안에 거하시는 성령이 자신의 임재보다 적지 않다는 것을 가르치신다.

> 그날에는 내가 아버지 안에 너희가 내 안에 내가 너희 안에 있는 것을 너희가 알리라(요 14:20).

성도는 예수 그리스도와 함께 생명력이 넘치는 영적 관계를 가진다. 우리가 앞에서 인용했던 빌립보서 3장의 말씀과 같이 바울은 그리스도의 의가 전가됨으로 인해 변화된 성도의 삶과 그리스도와의 친밀한 연합에 대해 말한다.

> 그 안에서 발견되려 함이니 내가 가진 의는 율법에서 난 것이 아니요 오직 그리스도를 믿음으로 말미암은 것이니 곧 믿음으로 하나님께로부터 난 의라(빌 3:9).

그리스도와의 친밀한 성도의 관계는 "내가 그리스도와 그 부활의 권능과 그 고난에 참여함을 알고자 하여 그의 죽으심을 본받"(빌 3:10)는 것이다. 그리스도가 주신 의로 말미암아 성도의 삶은 변화를 경험한다. 바울은 그의 삶의 모든 순간마다 부활의 능력의 높음에서부터 희생적인 고난의 깊음까지 그리스도를 더욱 알기를 원했다. 성도들에게 그리스도의 삶을 충만하게 경험하는 것은 기쁨과 평안 그리고 만족을 발견하는 삶 그 자체이다.

앞서 비유로 제시했던 결혼생활을 다시 생각해 보자. 어떤 면에서 나의 결혼은 합법적인 계약이다. 나는 하나님이 지켜보시는 가운데 나의 아내와 합법적이고 객관적이며 외적인 연합을 이루었고 지금까지 그 상태를 유지하고 있다. 그러나 만약 아내와 나의 관계가 단지 합법적이고 객관적이며 외적인 연합일 뿐이라면, 나는 결혼생활이 주는 기쁨을 누리는 만족을 놓치게 될 것이다. 내가 아내로 인해 기뻐한다는 사실 자체를 놓치게 되는 것이다. 나는 아내와 이야기하고 함께 울고 웃을 때 기쁨을 누린다. 그리고 육체적으로 친밀해지는 시간들은 우리의 삶의 가장 기쁜 순간들 가운데 하나이다. 세상적인 의미로 아내는 모든 면에서 나를 만족시킨다.

그러나 아내로 인한 만족도 결코 내 영혼의 가장 깊은 바람을 정확하게 만족시켜 주지는 못한다. 만약 내 영혼의 가장 깊은 만족을 아내에게서 찾고자 한다면, 나는 아내에게 죄를 짓는 것이 될 것이다. 왜냐하면 오직 무한한 인간만이 우리를 진정으로 만족시킬 수 있기 때문이다.

유한한 사람들과 물질들로부터 만족을 얻고자하는 세상에게 이러한 만족은 그저 미스터리한 일일 뿐이다. 세상은 끊임없이 더 큰 만족을 추구한다. 결혼생활이 개인적인 만족으로 끝나버린다면 우리는 우리의 만족을 위해 또 다른 사람을 찾아가야 할 것이다. 자신의 직업에 더 이상 흥미를 느끼지 못하게 될 때는 새로운 일을 찾고 방송매체나 오락거리를 통해서 자신의 흥미를 끄는 곳으로 관심을 돌린다.

만족의 결핍은 오락적이고 유흥적인 문화를 유행시킨다. 예수님은 제자들에게 "너희는 세상의 소금이니"(마 5:13)라고 말씀하셨다. 소금은 맛을 내야 한다. 예수님은 "교회가 없이, 그리스도 안에만 구원이 있다는 교회의 메시지가 없이 세상은 아무런 맛을 가지지 못한다"는 것을 분명하게 말씀하셨다. 목적이 없이는 이 세상에의 삶은 무의미할 뿐이다.

마리 앙투아네트는 "맛있는 게 아무것도 없다"라는 유명한 말을 했다. 오늘날 우리의 시대에서 이 말은 너무나 흔한 현상이 되어 버린 것 같다. 나는 우리 아이들에게서도 "나 지루해"라는 말을 흔히 듣는다. 오늘날 많은 사람들에게 있어서 삶은 단지 지루할 따름이다. 그래서 오락적이고 유흥적인 것들이 그들의 지루한 삶을 가득 채운다.

그러나 가득 채우는 것은 만족하는 것과는 다르다. 오락적이고 유흥적인 요소들은 무기력한 우리 존재를 가득 채울 수는 있겠지만 절대로 기쁨과 만족을 주지는 못한다.

오직 예수 그리스도를 통한 하나님과의 친밀한 관계만이 우리에게 진정한 기쁨과 만족을 줄 수 있다. 그러므로 그리스도인은 언제나 기쁨과 능력과 평안과 만족의 근원 되신 그리스도께로 달려갈 수 있을 뿐만 아니라 또 그렇게 해야만 한다.

나는 대체로 아내가 있는 곳으로부터 반나절 이내의 거리로만 여행을 한다. 그래야 언제든지 내가 원할 때 아내에게 돌아갈 수 있기 때문이다.

훨씬 큰 영적인 차원에서 생각다면, 그리스도인은 언제든지 그리스도의 임재 가운데로 돌아가기를 갈망해야 한다. 물론 어떤 의미에서는 예수님께서 우리 안에 거하시기 때문에 그분이 우리와 항상 함께 계신다고 할 수 있다. 그러나 또 다른 의미에서는 성도들이 그리스도와 계속하여 친밀한 관계를 유지하기 위해서는 기도하고 성경을 읽고 찬양하며 하나님의 말씀을 묵상하는 시간이 필요하다. 그리스도인에게 그리스도의 임재를 누리는 시간과 그분과의 연합으로부터 오는 달콤한 기쁨을 맛보는 교제의 시간은 매우 특별하다.

우리는 다음 장에서 그리스도와 성도의 연합이 성도들에게 그리스도의 성품을 새기도록 하는 것과 성도가 그리스도의 희생적인 섬김의 본을 따르는 데서 만족을 누릴 수 있다는 것을 살펴볼 것이다. 그러나 여기서는 일반적으로 소홀히 여겨지기 쉬운 살아계신 주님과의 친밀한 교제의 필요성에 대해서 생각하는 것이 필요할 것이다.

교회는 그리스도인의 삶의 능력뿐만 아니라 평안으로써 중요하게 여겨지는 기도의 영적인 훈련과 묵상에 대하여 오랫동안 가르쳐왔다. 빌립보서에 나타난 바울의 결론에 따르면, 바울은 빌립보 교인들에게 이러한 것들을 실천하라고 권면하였다.

첫째, 바울은 "아무것도 염려하지 말고 다만 모든 일에 기도와 간구로 너희 구할 것을 감사함으로 하나님께 아뢰라"(빌 4:6)고 권면한다. 그리스도인은 어떤 상황에서든지 항상 기도하기에 힘써야 하며, 특별히 근심하는 일에 있어서는 더욱 그러해야 한다. 기도할 때 하나님의 평강이 근심하며 불안해하는 우리의 마음을 변화시켜 준다.

그리하면 모든 지각에 뛰어난 하나님의 평강이 그리스도 예수 안에서 너희 마음과 생각을 지키시리라(빌 4:7).

둘째, 바울은 계속해서 빌립보 교인들에게 참되고 경건하고 옳고 정결하며 사랑받을 만하고 칭찬받을 만한 것을 "생각하라" 또는 "숙고하라"고 권면한다(빌 4:8). 다시 말하면, 그리스도인은 그리스도와 그분의 성품, 그분의 계시에 대해서 묵상해야 한다. 그렇게 할 때 다시 한번 말씀의 평강의 약속이 우리에게 주어진다(빌 4:9). 기도하고 묵상하라. 그리고 그 밖의 모든 바울의 권면들은 기뻐하고 만족하라는 문맥 안에 위치해 있다(빌 4:4, 11-13). 성도가 만족을 누리는 이유는 단지 그가 어떤 종교적 훈련을 받기 때문이 아니라, 이런 훈련들 안에서 그가 예수 그리스도와 친밀한 교제를 누리기 때문이다.

성경은 우리에게 "너희는 여호와의 선하심을 맛보아 알지어다"(시 34:8)라고 명령한다. 이 말씀은 우리에게 "주의 오른쪽에는 영원한 즐거움이 있다"(시 16:11)고 약속한다. 성도의 삶의 자세는 "하나님이여 사슴이 시냇물을 찾기에 갈급함 같이 내 영혼이 주를 찾기에 갈급하나이다"라고 말하는 시편기자와 같아야 한다. 이 세상의 기쁨은 우리를 만족시키지 못한다. 오직 하나님만이 우리를 만족시키실 수 있다.

성도의 기쁨과 즐거움 그리고 소망들은 오직 하나님 안에서만 찾을 수 있다. 하나님 안에서 더 큰 기쁨을 누리도록 하시기 위해서 때때로 하나님은 우리가 이 땅에서 기뻐하는 것들을 가져가시기도한다.

우리 집은 수압이 약해서 물이 세게 나오지 않는다. 아마 수도꼭지가 한 군데에만 있었다면 좋았을 것이다. 각각 다른 곳에서 두 사람이 동시에 샤워를 한다든지 물을 사용하게 되면 물줄기가 금세 약해진다. 그리고 두 곳 모두 수압이 약해진다. 효과적으로 물을 사용하기 위해선 한 쪽에서만 물을 사용해야 한다.

이와 마찬가지로 하나님은 우리가 오직 하나님 안에서만 모든 기쁨을 찾는 것을 배우도록 하시기 위해 가끔씩 우리가 기뻐하는 다른 것들을 차단하실 때가 있다. 하나님이 우리의 모든 소망이 되시는 분임에는 틀림이 없다. 그는 우리의 전부가 되신다. 그리고 오직 우리가 그 안에서만 기뻐할 때 우리는 진정한 만족을 누릴 수 있다.

죽음에 가까워 침상에 누워있는 찰스 시몬(Charles Simeon)에게 누군가 물었다.

"시몬, 지금 무슨 생각을 하고 있나요?"

시몬은 대답했다.

"나는 지금 아무 생각도 하고 있지 않아요. 다만 즐기고 있을 뿐입니다."[3]

시몬은 그리스도 안에서 하나님과의 교제를 누리는 데에 그의 모든 삶을 바쳤다. 시몬은 다가오는 죽음을 어떠한 방해도 없는 완전한 하나님과의 교제로 이해했다. 하나님을 기뻐하는 삶은 다가오는 삶 안에서 더 큰 기쁨을 누리도록 한다. 그래서 시몬의 마지막 날은 두려움과 근심 대신에 기쁨으로 가득했다. 실로 하나님

---

[3] H. C. G. 모울, *Charles Simeon*, 266.

과의 교제로 이루어지는 삶만이 만족하며 살 수 있고 만족하며 죽을 수 있다.

버로스는 "어떤 영혼도 천국에 이를 수 없지만 천국을 소유한 영혼은 이미 천국에 이른 것이다"라고 기록한다. 성도가 그리스도 안에서 하나님과의 생명력 있는 연합과 교제를 누리고 있다면 그는 천국을 미리 맛보고 있는 것이다. 이것이 바로 그리스도인의 만족의 근원이다.

생각해 볼 문제들

1. 당신의 삶 가운데 커다란 만족과 기쁨을 주는 것은 어떤 것들인지 목록을 작성해 봅시다. 이제 그 목록을 가지고 당신에게 가장 큰 기쁨을 주는 순서대로 정리해 봅시다. 그리고 솔직하게 한번 대답해 봅시다. 하나님을 예배하고 하나님과 교제하는 것이 그 목록의 제일 첫 번째를 차지하고 있습니까? 하나님이 당신의 전부가 되시기 위해서 당신이 끊어 버려야 할 목록에는 어떤 것들이 있습니까?

2. 당신의 삶은 하나님과의 생명력 있는 교제와 기쁨을 누리고 있다고 말할 수 있습니까? 당신의 기도생활은 어떠한지 정직하게 점검해 봅시다. 당신은 하나님의 말씀과 하나님에 대해서 날마다 묵상합니까?

3. 당신은 어떻게 하나님의 은혜언약 안에서 만족을 누릴 수 있습니까?

4. 당신에게 가장 큰 평안을 주는 하나님의 소중한 약속들은

무엇인지 생각해 봅시다. 이러한 약속의 말씀들을 계속해서 묵상할 수 있는 방법은 무엇입니까?

THE SECRET OF CONTENTMENT

9장

그리스도의 형상을
닮아가는 **만족**

우리 집은 여섯 아이들이 체육대회에 출전해서 받아온 트로피들로 가득하다. 나는 이 트로피들을 볼 때마다 항상 의아한 마음이 생긴다. 내가 자랄 때에는 체육대회에 출전하는 것만으로도 자랑스러운 일이었고 트로피는 출전한 선수들 중에서 가장 뛰어난 선수들에게 "최우수 선수상", "최우수 공격상", "감독상" 등의 이름으로 주어졌다. 하지만 학교로부터 아이들의 참가상 트로피 구입비용을 추가로 내라는 말을 들을 때면, 나는 단순히 귀찮은게 아니라 참 이상하다는 생각이 든다. 만약 일등이 아니라면 상을 받지 않는 것이 당연하지 않은가.

그러나 어쩌면 이런 모습이 우리가 살아가는 세상에서는 자연스러운 이치일지도 모른다. 최소한 미국에서는 그렇다. 자존감은 오늘날 우리가 가장 소중하게 생각하는 가치 중 하나가 되었다. 교육제도는 자녀들의 자부심을 키우는 것에만 온통 관심을 쏟아 붓는다. 모든 사람이 자신을 소중히 여기고 있다는 것을 확인하는 일이 개인적인 목표와 탁월함을 계발하는 것보다 중요해졌다.

만약 어떤 사람에게는 트로피를 주고 어떤 사람에게는 주지 않는다면, 아마도 트로피를 받지 못한 사람은 마음의 상처를 받을 것이다. 그들은 자존감에 큰 타격을 받게 될 것이 분명하다. 아니면 기껏해야 세상이 말하는 것과 같이 될 것이다.

이런 상황에서 세상은, 당신이 행복할 수 있는 이유는 트로피 때문이 아니라 "당신 자신 때문입니다"라고 가르친다. 그러나 성경은 다르다. 개인의 자존감을 높이 평가하는 가치를 반영하기 위해 성경은 가끔씩 왜곡된 표현을 사용하기도 한다. "네 이웃을 사랑하고 네 자신을 사랑하라." 오늘날 이 말씀은 우리 자신을 먼저 사랑해야 우리가 이웃을 사랑할 수 있다는 의미로서 종종 해석되어진다. 그러나 우리 자신을 사랑하라는 것은 우리가 가장 관심 있어 하는 것들을 돌아보라는 의미이다. 같은 의미로 우리는 다른 사람들의 관심을 돌아보아야 한다.

자존감에 대한 오늘날의 강조와는 대조적으로 성경의 메시지는 만족이 단지 우리 자신의 상태에서 오는 것이 아니라고 가르친다. 그것은 곧 우리가 예수 그리스도의 형상을 닮아 갈 때에 기쁨과 평안을 누릴 수 있다는 것이다. 성경은 하나님의 형상으로 창조된 모든 인간은 그 존엄한 가치를 지닌다고 분명히 말한다. 그러나 죄는 인간 안에 있는 하나님의 형상을 심각하게 훼손시켰다. 성도의 목표, 곧 실제적인 마지막 결과는 "하나님의 형상"으로 곧 그리스도를 닮아가는 것이다. 그리고 기독교 정신은 하나님이 처음 자신을 위해 의도하신대로의 인간의 상태를 회복하는 것이다.

그렇다면 어떤 면에서 기독교 정신은 우리의 **현재 상태**가 아닌, 우리가 **되어야 하는 상태**에 더 적합하다고 말할 수 있다. 죄와 타락 안에 있는 우리의 존재는 단지 우리를 실패와 죽음으로 이끌 뿐이다. 이런 상태로는 어떠한 기쁨도 누릴 수 없다. 성도는 그리스도 안에서 자신이 그리스도의 성품을 닮아가는 것을 경험하는 소망을 가진다.

성경에 있는 **"영화"**(*glorification*)는 성도의 최종적인 상태를 말한다. 영화의 상태에서는 더 이상의 죄와 죽음 그리고 부패도 없다. 성도는 완벽하고도 영원한 빛과 완전한 의를 가지신 그리스도의 형상을 닮게 된다. 요한은 이렇게 기록한다.

> 사랑하는 자들아 우리가 지금은 하나님의 자녀라 장래에 어떻게 될지는 아직 나타나지 아니하였으나 그가 나타나시면 우리가 그와 같을 줄을 아는 것은 그의 참모습 그대로 볼 것이기 때문이니(요일 3:2).

예수님이 재림하실 때에 하나님의 모든 자녀는 그분과 같은 모습으로 변화되고 그분과 같이 될 것이다. 로마서 8:29-30에서 바울이 이를 어떻게 말하고 있는지 살펴보자.

> 하나님이 미리 아신 자들을 또한 그 아들의 형상을 본받게 하기 위하여 미리 정하셨으니 이는 그로 많은 형제 중에서 맏아들이 되게 하려 하심이니라 또 미리 정하신 그들을 또한 부르시고

부르신 그들을 또한 의롭다 하시고 의롭다 하신 그들을 또한 영화롭게 하셨느니라(롬 8:29-30).

로마서 8:29의 첫 번째 줄은 30절과 평행을 이루며 "정하다"라는 표현으로 분명히 연결되어 있다. 그러므로 "그리스도의 형상을 본받게 하기 위하여 미리 정하셨으니"는 말은 "영화롭게 하려고 하셨느니라"는 의미이다. 비록 "영화"는 여전히 미래의 일이지만 바울은 여기서 "영화"의 확실함 때문에 과거시제를 사용한다. 그러므로 영화는 그리스도의 형상으로 변하는 것과 그리스도의 형상과 같이 되는 것을 의미한다.

이와 마찬가지로 신약성경은 성도가 그리스도의 형상을 닮아가는 것을 현재 진행 중에 있는 계속적인 과정으로 묘사한다. 이것을 설명하기 위해 우리는 다른 용어, 곧 "성화"라는 용어를 사용할 수 있다. 성화는 거룩하게 되어져가는 과정으로 더욱더 예수 그리스도를 닮아가는 것이다. 바울은 이렇게 말한다.

우리가 다 수건을 벗은 얼굴로 거울을 보는 것 같이 주의 영광을 보매 그와 같은 형상으로 변화하여 영광에서 영광에 이르니 곧 주의 영으로 말미암음이니라(고후 3:18).

성도가 그리스도와의 교제와 사귐을 가질 때 "주의 영광"을 보게 된다. 그는 점차적으로 그리스도의 형상으로 변화한다. 고린도후서 3:18의 "영광에서 영광으로 이른다"는 말의 의미이다. 마지막으로 그리스도께서 다시 오실 때 완전한 영광이 우리를 둘러쌀 것이다. 실제로 성화의 과정 없이는 거룩한 만족을 누릴 수 없다.

이제 우리는 어떻게 이런 진리가 그곳에서 진술되고 있는지를 살펴보기 위해서 빌립보서로 되돌아가기 전에 로마서 8장에 나타난 그리스도와의 연합에 대하여 다시 생각해 보고자 한다. 바울은 우리가 그리스도와 연합할 때 우리가 그의 형상을 닮아가는 과정 가운데 있게 된다는 것을 분명하게 말한다.

바울이 그리스도와 성도의 연합에 관하여 말할 때 사용하는 말 중에 가장 주목할 만한 표현은 "그리스도 안에 있는 성도"라는 바울의 확고한 표현이다(갈 2:20; 골 1:27; 롬 8:10; 고후 13:5). "그리스도 안에 있는 우리"는 우리가 그리스도와 생명력 있는 영적 연합을 가지고 있다는 뜻이다. 그러나 각각의 문맥들 안에서 사용된 연합에 관한 표현들은 그리스도의 성품이 우리 안에 새겨지고 있다는 것 또한 알려 준다. 그리스도는 모든 성도 안에 거하신다. 그리스도의 성도 안에 거하심으로 말미암아 모든 성도에게는 급격한 변화가 일어나며, 그리스도의 임재로 말미암아 그분의 형상을 닮아가게 된다.

골로새서 1:27은 "그리스도 안에 있는"이라는 바울의 표현을 잘 보여 준다.

> 하나님이 그들로 하여금 이 비밀의 영광이 이방인 가운데 얼마나 풍성한지를 알게 하려 하심이라 이 비밀은 너희 안에 계신 그리스도시니 곧 영광의 소망이니라(골 1:27).

성도의 예수 그리스도와의 현재 관계("그리스도 안에 있는 너희")

는 장차 받게 될 영광스러운 유업을 보증하는 말이다. 만족을 누리는 것의 아주 중요한 원천인 성도의 예수 그리스도와의 관계는 성도가 그리스도와 자신의 관계가 더욱 친밀하고 확고해지기를 원할 때에만 가능하다.

바울이 골로새 교회에 보내는 편지를 통하여 교회에 있는 거짓 교사들과 싸울 때(골 2:8-23) 바울이 골로새서를 쓴 목적 중 하나는 골로새 교인들의 신앙이 성숙하게 자라나도록 하는 것이었다. 그래서 바울은 "그리스도 안에 있는"이라는 자신의 표현을 따라 다음과 같이 말했다.

> 우리가 그를 전파하여 각 사람을 권하고 모든 지혜로 각 사람을 가르침은 각 사람을 그리스도 안에서 완전한 자로 세우려 함이니 (골 1:28).

바울이 원하는 신앙의 성숙은 그리스도와 같은 성품으로 자라나는 것이다. 그래서 바울은 골로새서 3장에서 "그리스도 안에서"라는 자신의 표현으로 다시 돌아가는 것이다.

> 너희가 서로 거짓말을 하지 말라 옛 사람과 그 행위를 벗어 버리고 새 사람을 입었으니 이는 자기를 창조하신 이의 형상을 따라 지식에까지 새롭게 하심을 입은 자니라 거기에는 헬라인이나 유대인이나 할례파나 무할례파나 야만인이나 스구디아인이나 종이나 자유인이 차별이 있을 수 없나니 오직 그리스도는 만유시요 만유 안에 계시니라(골 3:9-11).

"그리스도는 만유 안에 계신다"라는 말은 자신의 옛 자아를 벗어버리고 새로운 자아, 곧 자기를 창조하신 이의 형상을 따르는 지식으로 새롭게 지음을 받은 자아를 입으라는 의미이다. 여기서 "창조자"는 분명히 그리스도를 가리킨다(골 1:16). 그러므로 우리 안에 그리스도를 가지는 것은 그리스도의 형상을 따라서 새롭게 지음을 받는 것을 의미한다.

바울은 이것을 실천적인 용어로 다음과 같이 사용한다(골 3:12-17). 성도는 그리스도의 성품, 특히 긍휼과 자비와 겸손과 온유와 오래 참음의 옷을 입어야 한다(골 3:12). 성도는 서로 용서하기를 그리스도가 우리를 용서하신 것 같이 해야 한다(골 3:13). 성도는 다른 사람들에게 그리스도와 같은 사랑을 나타내야 한다(골 3:14). 그리고 성도는 그리스도의 평강이 자신들의 마음을 다스리도록 해야 한다(골 3:15).

그리스도와 같은 성품으로 닮아가는 것은 "너희가…새 사람을 입으라"(골 3:9-10)는 말씀과 "이와 같은 성품들을 옷 입으라"라는 두 가지의 말씀이다. 그러나 이 두 말씀의 요지는 성도가 그리스도와 갖는 생명력 있는 영적인 연합은 그리스도의 형상으로 변화하는 것과 그리스도의 형상을 닮아가는 것을 의미한다는 것이 분명하다.

빌립보서는 이 주제에 초점을 맞추고 있으므로 다시 빌립보서로 돌아가 보기로 하자. 빌립보서의 거의 모든 단락에서 "기쁨"이라는 표현을 볼 수 있다. 그러나 "기뻐하라"라는 말은 바울이 전하고 싶은 메시지의 핵심이 아니다. 빌립보서의 핵심 메시지는 그리스도이시다.

> 너희 안에 이 마음을 품으라 곧 그리스도 예수의 마음이니 그는 근본 하나님의 본체시나 하나님과 동등됨을 취할 것으로 여기지 아니하시고 오히려 자기를 비워 종의 형체를 가지사 사람들과 같이 되셨고 사람의 모양으로 나타나사 자기를 낮추시고 죽기까지 복종하셨으니 곧 십자가에 죽으심이라 이러므로 하나님이 그를 지극히 높여 모든 이름 위에 뛰어난 이름을 주사 하늘에 있는 자들과 땅에 있는 자들과 땅 아래에 있는 자들로 모든 무릎을 예수의 이름에 꿇게 하시고 모든 입으로 예수 그리스도를 주라 시인하여 하나님 아버지께 영광을 돌리게 하셨느니라(빌 2:5-11).

이 본문은 복음의 정수를 정확하게 보여 준다. 그리스도는 비록 하나님이시나 자기 자신을 낮추어 스스로 인간의 모습으로 십자가에서 죽기까지 순종하셨다. 그리스도는 그가 항상 취하고 계셨던 영광과 존귀와 반대되는 고난과 능욕을 친히 당하셨다. 그는 종으로 오셨고, 자신의 권리를 먼저 주장하지 않으셨으며, 다른 사람들의 유익을 먼저 생각하셨다.

그러나 이 본문이 어떻게 시작하는지 주목해 보자. 성도는 그리스도의 마음을 가져야 한다. 성도는 그리스도께서 생각하시는 대로 생각해야 하며 그가 가시는 대로 따라가야 한다. 많은 주석가들이 잘 지적하였듯이 빌립보서의 핵심 주제는 위에서 인용되어진 구절보다 두 절 앞서 나타난다. 그러므로 빌립보서 2:3이 빌립보서의 핵심 주제라고 할 수 있다. "아무 일에든지 다툼이나 허영으로 하지 말고 오직 겸손한 마음으로 각각 자기보다 남을 낫게 여기고."

바울의 기쁨의 편지라 불리는 빌립보서는 또한 다른 사람을 겸손히 섬기라는 내용의 편지이다. 사실 기쁨과 섬김이라는 이 두 주제는 헤어질 수 없는 길동무와 같다. 우리가 자신을 낮추는 겸손이 없거나 자기 욕심을 버리지 않고 다른 사람을 섬길 때에는 기쁨 또한 누릴 수 없게 된다.

우리 자신보다 다른 사람들을 생각하며 자신에게 주는 것보다 다른 사람을 섬길 때 우리는 만족을 누릴 수 있다.

우리는 빌립보서를 주의 깊게 읽을 때, 바로 이러한 점이 빌립보서의 핵심 주제라는 것을 알 수 있게 된다. 빌립보서를 시작하는 구절에서도 이러한 핵심 주제는 잘 나타난다. 빌립보서 1:1에서 바울은 "빌립보에 사는 모든 성도와 또한 감독들과 집사들에게"라는 표현을 사용하는데, 이와 같은 도입은 바울의 여러 편지들 중 빌립보서에서 유일하게 등장하는 표현이다. 또한 바울은 자신의 열 세 편지에서 자신을 "사도"로 소개하지 않고 "종"으로 소개한다. 바꿔 말하면, 바울은 빌립보 교회에 있는 성도들을 존경함으로써 이 편지를 시작한다. 자신을 낮추고 다른 성도들을 높이는 표현을 통해 바울은 자기 자신보다 다른 사람들을 생각해야 하는 모범을 보여 준다.

우리가 읽었던 대로 이러한 내용이 바로 빌립보서의 핵심이라는 것을 우리는 발견할 수 있다. 바울은 1장 후반부에서 자신의 바람은 죽어서 그리스도와 함께 있는 것이라고 말한다(빌 1:23). 바울에게 사시는 분은 그리스도이시므로 지금보다 더욱더 그리스도와 함께 할 수 있어서 죽음도 유익하다는 것이다(빌 1:21). 그러나 바울은 하나님의 은혜 안에서 빌립보 교인들의 유익과 신앙의 성장을 위해서 자신이 남아 있기를 원한다고 고백한다.

내가 육신으로 있는 것이 너희를 위하여 더 유익하리라 내가 살 것과 너희 믿음의 진보와 기쁨을 위하여 너희 무리와 함께 거할 이것을 확실히 아노니(빌 1:24-25).

바울은 자신의 개인적인 만족보다 다른 사람들의 영적인 유익을 위하여 그들을 겸손히 섬기는 것을 우선적으로 생각했다.

빌립보서 2장에서 몇 절을 건너뛰면 그리스도에 관한 중요한 본문이 등장하는데 그 본문 이후에 이어서 나오는 이기심 없는 두 사람의 예를 살펴보자. 자신의 이익을 구했던 사람들과 달리 디모데는 순수하게 빌립보 교인들의 유익을 구하는 사람이었고, 바울은 자신을 대신하여 디모데를 빌립보 교회로 보내겠다고 한다(빌 2:20-21). 마찬가지로 에바브로디도는 거의 죽게 된 상황에서도 그리스도의 이름과 그리스도의 교회를 위하여 자신을 헌신한 사람의 한 예로 등장한다(빌 2:25-30).

그렇다면 이 본문 앞에 등장하는 그리스도에 관한 본문에서 바울이 말하는 핵심은, 스스로 자신을 낮춘 사람, 다른 사람을 위하여 자기 자신을 희생한 사람, 자신의 권리에 집착하지 않은 최고의 본으로써 그리스도를 말하는 것이다. 바울이 말하고자 하는 핵심은 분명하다. 성도는 겸손하게 섬김의 삶을 살아야 하고, 자기 자신보다 다른 사람들의 유익을 생각해야 하며, 다른 사람을 위해 자신을 희생해야 하는 것이다. 이것이 바울이 빌립보서에서 말하는 기쁨과 만족을 누리는 아주 중요한 방법이다.

언젠가 동생 집에서 "행복은 다른 사람들을 감동시키는 우리 마음에 있다"라고 적힌 십자수를 본 적이 있다. 기쁨과 만족은 자존감과 자아성취로 오는 것이 아니다. 또한 자신을 위해 살 때에 오는 것은 더욱더 아니다. 오히려 기쁨과 만족은 다른 사람을 위해 살 때 누릴 수 있기 때문에 우리에게는 그리스도의 마음과 다른 사람의 마음을 채우는 것이 더 중요하다.

찰스 스펄전(Charles Spurgeon)이 남긴 말을 들어 보자.

> "오, 당신에게 이로운 것이라고는 하나도 없군요. 당신에게 유익한 것이라고는 하나도 없군요 그래서 나는 당신이 천국을 향해 빨리 걸을 수 있도록 당신을 돕습니다. 당신의 머리는 하늘로 향하게 하고 당신의 두 눈은 영광으로 빛나도록 합니다. 예수 그리스도의 모습과 같이 성령의 능력으로 당신은 예수 그리스도와 함께 그의 모든 자취를 따를 수 있으며 그의 길을 갈 수 있습니다. 당신은 가장 행복한 사람이며 하나님의 아들과 딸이 될 사람이라고 널리 알려졌습니다. 그리스도시여, 나는 당신을 위하여 당신과 같이 되기를 원합니다. 저들을 나에게로 더 가까이 이끄시고 나를 저들에게로 더 가까이 이끄시는 것이 내 영혼의 간절한 바람입니다."[1]

그리스도와 같이 되기 위해서 그가 우리를 사랑하신 것 같이, 그가 우리를 위해 자신을 주신 것 같이 사랑으로 행하는 것이 바로 성도의 삶의 가장 큰 기쁨의 근원이다.

바울이 희생적인 섬김에 관한 내용을 자신의 편지 후반부에 기록하는 이유는 빌립보 교인들에게 자기희생적인 섬김의 모습을

---

[1] 찰스 스펄전, *Morning by Morning : A New Edition of the Classic Devotional Based on the Holy Bible, English Standard Version*, ed. Alistairbegg (Peabody, MA : Hendrickson Publishing, 1991), 149.

보이라고 말하기 위해서다. 최소한 자신의 동역자였던 유오디아와 순두게처럼 하찮은 일로 다투지 말라는 것이다(빌 4:2-3). 다시 말하면, 그리스도의 몸인 교회의 하나 됨을 걱정하는 것이다. 겸손한 섬김과 자기 자신보다 다른 사람을 생각하는 것은 하나 됨을 위해 반드시 필요하다.

성경적인 관점에서 하나님과 누리는 평화, 다른 사람들과 누리는 평화 그리고 자신 안에 누리는 평화는 모두 하나로 묶여 있다.[2] 이는 여러 가지 이유로 입증된다.

첫째, 성경은 우리에게 다른 사람들을 사랑하고 그들과 화목하라고 명령한다. 바울도 권면한다.

> 할 수 있거든 너희로서는 모든 사람과 더불어 화목하라(롬 12:18).

따라서 하나님의 말씀을 지키지 않는 사람은 내적인 평안을 누릴 수 없다.

둘째, 성령 하나님은 우리로 하여금 다른 성도들과 함께 하나가 되도록 하셨다. 바울은 에베소서에서 권면한다.

> 성령이 하나 되게 하신 것을 힘써 지키라(엡 4:3).

바울은 성령의 하나 됨을 만들어야 한다고 말하는 것이 아니다. 성령의 하나 됨은 이미 이루어진 사실이다. 성령이 우리 안에 사

---

[2] 켄 샌드, *The Peacemaker: A Biblical Guide to Resolving Personal Conflict*, 2nd ed. (Grand Rapids: Baker Books, 1997), 36-40.

신다는 것은 우리의 영혼이 성령이 거하시는 다른 사람들과 하나가 되었다는 의미이다. 그러나 우리는 행함을 통하여 이러한 하나 됨을 지켜나가야 한다. 우리 안에 거하시는 성령은 우리와 마찬가지로 성령이 그 안에 거하시는 다른 사람들과 하나로 연합하게 만드신다. 이러한 하나 됨이 부족할 때 우리 안에 거하시는 성령은 우리 안에 평화가 머물지 않도록 하시고, 곧 평화의 끈은 끊어지게 된다.

셋째, 그리스도의 몸인 교회의 하나 됨은 하나님의 형상 안에서 새로운 창조가 가지는 한 단면을 보여 준다. 하나님의 말씀인 성경은 한 분 하나님 안에 세 분의 위격이 계시다는 것을 말한다. 그러므로 하나님의 형상으로 만들어졌다는 것은 내가 다른 사람들과 함께 살기 위해서 공동체의 하나 됨 안에서 지음을 받은 한 부분이라는 의미이다. 타락과 죄가 사람들의 관계를 깨어버렸다. 하나님이 그리스도 안에서 우리를 각각 새롭게 창조하실 때 죄로 인해 깨어진 관계는 다시 회복된다. 만약 내가 하나님이 새롭게 만드신 사람들이 되었다면 나는 하나님의 새로운 다른 피조물들과 하나 됨을 지키며 살아야 한다.

넷째, 하나 됨의 결핍은 은혜 안에 있는 우리의 신앙이 성숙하는 데 나쁜 영향을 미친다. 오늘날의 개인주의는 수많은 복음주의자들이 성도의 삶에 대하여 생각하는 방법에 영향을 미쳤다. 대다수가 성도의 삶과 영적인 성숙은 단지 그리스도와 자신과의 관계로만 생각한다. 그러나 이러한 생각은 성경이 가르치는 것과는 완전히 다르다. 바울은 에베소 교인들을 위해 이렇게 기도했다.

믿음으로 말미암아 그리스께서 너희 마음에 계시게 하시옵고 너희가 사랑 가운데서 뿌리가 박히고 터가 굳어져서 능히 모든 성도와 함께 지식에 넘치는 그리스도의 사랑을 알고 그 너비와 길이와 높이와 깊이가 어떠함을 깨달아 하나님의 모든 충만하신 것으로 너희에게 충만하게 하시기를 구하노라(엡 3:17-19).

바울의 말은 그리스도께서 그의 백성들의 마음에 거하신다는 말로써 성도의 신앙이 개인적이라는 것을 의미하는 듯하다. 그러나 그리스도 안에서 성장하는 것은 그리스도의 사랑을 아는 것이며 하나님의 모든 충만하신 것으로 채움을 받는 것이다. 그런데 이렇게 채움을 받는 것은 오직 우리가 "모든 성도와 함께" 사랑 가운데서 뿌리 박히고 터가 굳어질 때에만 가능한 일이라고 성경은 말한다. 그러므로 바울은 공동체적인 노력이 필요하다는 것을 강조한다. 우리의 신앙은 성장하면 할수록 더욱 풍성한 하나님의 평화를 경험하게 된다. 그리스도의 몸인 교회의 하나 됨과 공동체 안에서 말이다.

겸손한 섬김과 그리스도의 몸인 교회의 하나 됨은 함께 하는 것이며 신앙생활에 필수적인 것이다. 예수님의 제자 요한은 요한복음에 자신의 제자들을 향해 서로 사랑하며 하나가 될 것과 그리스도 자신과 다른 사람들과의 사귐에 관하여 가르치시는 예수님의 마지막 가르침을 자주 기록한다(요 13-17장). 예수님은 아버지께 "우리와 같이 그들도 하나가 되게 하옵소서"(요 17:11)라고 기도하셨다.

의미심장하게 이 다섯 장의 말씀(요 13-17장)은 주로 예수님의 마지막 가르침을 기록하는데, 예수님이 그의 제자들의 발을 씻기시는 이야기로 시작한다.

> …예수는 아버지께서 모든 것을 자기 손에 맡기신 것과 또 자기가 하나님께로부터 오셨다가 하나님께로 돌아가실 것을 아시고 저녁 잡수시던 자리에서 일어나 겉옷을 벗고 수건을 가져다가 허리에 두르시고 이에 대야에 물을 떠서 제자들의 발을 씻으시고 그 두르신 수건으로 닦기를 시작하여(요 13:3-5).

예수님은 계속해서 제자들을 가르치셨다.

> 내가 주와 또는 선생이 되어 너희 발을 씻었으니 너희도 서로 발을 씻어 주는 것이 옳으니라 내가 너희에게 행한 것 같이 너희도 행하게 하려 하여 본을 보였노라 내가 진실로 진실로 너희에게 이르노니 종이 주인보다 크지 못하고 보냄을 받은 자가 보낸 자보다 크지 못하니 너희가 이것을 알고 행하면 복이 있으리라(요 13:14-17).

이 본문에서 예수님은 자신의 제자들에게 당신의 사랑의 넓이와 제자들을 기꺼이 섬기시겠다는 마음을 보여 주신다. 심지어 죽음까지도 감수하시겠다고 말씀하신다(요 13:1). 이기심 없는 섬김, 곧 가장 천한 종을 위하여 발을 씻겨주시는 예수님의 모습은 제자들에게 하나의 모범이 되었다. 제자들은 예수님께서 자신들을 섬기신 것 같이 그들도 서로를 섬겨야 했다. 실로, 이렇게 행하는 사람은 "복이 있다"(KJV 영어 성경은 "행복"이라고 번역한다).

프란시스 쉐퍼(Francis Schaeffer)는 『작지 않은 사람, 낮지 않은 자리』(*No Little People, No Little Places*)[3]라는 그의 에세이에서 이기심 없는 섬김이라는 성경적인 주제에 대하여 언급했다. 쉐퍼는 모세의 지팡이 이야기로 자신의 글을 시작한다. 모세의 지팡이는 목자들이 사용하는 나무 지팡이에 불과했지만, 애굽에서 여러 가지 기적을 일으키고 이스라엘 백성을 노예로부터 해방시키는 데에 하나님은 모세의 지팡이를 들어 사용하셨다.

모세의 지팡이는 뱀이 되어서 애굽 술사들의 뱀을 삼키기도 했다. 모세가 팔을 뻗어 지팡이를 내밀자 개구리 재앙, 이 재앙, 우박 재앙, 메뚜기 재앙이 애굽 위에 내렸다. 이스라엘 백성이 앞쪽으로는 바다와 뒤쪽으로는 쫓아오는 애굽 군대 사이에 갇혔을 때 모세는 그 지팡이를 들어 올렸고 하나님은 바다를 가르고 길을 내셔서 이스라엘 백성을 구원하셨다.

어떻게 보잘것없는 나무 막대기가 이렇게 위대한 능력의 도구가 될 수 있었을까? 출애굽기 4:20은 우리에게 모세의 지팡이가 "하나님의 지팡이"가 되었기 때문이라는 해답을 제시한다.

때때로 하나님은 역사의 흐름을 바꾸시면서까지 세상의 잣대로는 볼품없어 보이는 자들을 들어 사용하신다. 쉐퍼는 이렇게 기록한다.

"나의 것은 반드시 하나님의 것이 되어야 한다. 그렇게 할 때 나는 하나님의 손에 유용하게 쓰임 받을 수 있다. 진실로 하나님께

---

[3] 프란시스 쉐퍼, *No Little People, No Little Places* (1974; repr., Wheaton: Crossway, 2003), 21-32.

헌신된 자 중 많은 수가 하찮은 자 가운데 나온다고 성경은 강조한다. 영적인 의미에서는 단지 헌신된 자와 헌신되지 않은 자가 있을 뿐 하찮은 자와 그렇지 않은 자는 존재하지 않는다."[4]

마찬가지로 헌신하기에 하찮은 일도 없다. 하나님은 우리가 어디에 있든지 하나님께서 허락하신 장소에서 헌신하기를 원하신다. 하지만 우리는 큰 곳에서 큰 일들을 하고 싶어 하는 경향이 있다. 이것은 육신의 욕심에 지나지 않으며, 쉐퍼의 표현대로라면 "회심하지 않은 옛 자아이며 자애주의적이고 자기중심적인 **사람**"[5]의 바람일 뿐이다.

우리는 종종 이렇게 말하고 싶은 유혹을 받는다. "많은 사람들에게 예수 그리스도의 선한 영향력을 미치기 위해서 나는 더 높은 자리에 올라가야 할 필요가 있어." 그러나 더 높은 자리에 오르고 싶어 하는 이런 마음에는 두 가지의 문제점이 있다.

첫째, 우리는 낮은 자리에 있을수록 하나님 앞에 더욱 겸손해지기 쉽다. 쉐퍼의 말을 들어 보자.

"하나님 앞에서 고요하며 평안을 누리는 것은 좋아 보이는 자리에 오르는 것보다 더욱 중요하다. 성령의 능력은 하나님의 걸음에 맞추는 자에게 허락되기 때문이다. 만약 더 높은 자리에 오르기 위하여 하나님으로부터 오는 평안을 잃어버리게 된다면, 우리는 하나님과의 교제하는 장소를 잃어버리고 육체 가운데 거하게 될 것이다. 그 아무리 나의 눈과 다른 사람들의 눈에 높아 보이는

---

[4] 프란시스 쉐퍼, *No Little People, No Little Places*, 25.
[5] 프란시스 쉐퍼, *No Little People, No Little Places*, 26.

자리라 할지라도 그 결과는 그리 대단하지 않을 것이다."⁶

둘째, 더 높은 자리에 앉으려는 노력은 성경에서 가르치는 으뜸됨과 하나님의 일에 반대된다. 예수님은 이렇게 말씀하셨다.

> 너희 중에는 그렇지 않을지니 너희 중에 누구든지 크고자 하는 자는 너희를 섬기는 자가 되고 너희 중에 누구든지 으뜸이 되고자 하는 자는 모든 사람의 종이 되어야 하리라(마 10:43-44).

하나님 나라에서 큰 자는 섬기는 자이다. 또한 겸손한 자리에서 겸손히 섬길 때에 하나님의 능력이 가장 크게 드러난다.

우리는 낮은 자리에서 신실하게 섬기는 겸손한 종과 같은 모습이 되어야 한다. 하나님은 그가 필요하시면 언제든지 우리를 들어 더 높은 자리에 앉히실 수 있는 분이다. 하지만 오직 우리가 그것을 감당할 준비가 되어 있을 때에만 그렇게 하신다. 무엇보다 우리는 "하나님이 우리에게 허락하신 자리와 시간 가운데 우리는 헌신하고 있는가?"라고 스스로에게 물어야 한다.

우리에게 주어진 재능과 자리에 만족하되 우리의 재능들을 하나님의 영광을 위하여 사용해야 한다. 우리는 성도의 삶의 비결과 성도가 거룩한 만족을 누리는 비결은 자기를 죽이는 것이라고 말함으로써 이 장을 요약할 수 있을 것이다.

예수님은 우리를 우리의 자아로부터 구원하기 위하여 오셨다. 그렇다면 어떻게 구원하셨는가? 자신을 내어 주심으로 구원하셨

---

6 프란시스 쉐퍼, *No Little People, No Little Places*, 29-30.

다. 예수님은 자신의 능력도 하나님의 권세도 주장하지 않으시고 그저 아무 것도 아닌 자처럼 스스로를 드러내셨다. 어떤 의미에서 예수님은 우리를 우리 자아로부터 구원하시기 위하여 자신의 자아를 버리셨다. 그 결과 예수님의 자신을 내어 주심은 자아중심적이고 하나님께 반하는 죄로부터 우리를 구원하였다. 또한 그분의 헌신적인 사랑은 우리 자아를 버리고 하나님을 사랑해야 하는 우리 삶의 모범이 되셨다. 사도 바울은 이렇게 고백한다.

> 내가 그리스도와 함께 십자가에 못 박혔나니 그런즉 이제는 내가 사는 것이 아니요 오직 내 안에 그리스도께서 사시는 것이라 이제 내가 육체 가운데 사는 것은 나를 사랑하사 나를 위하여 자기 자신을 버리신 하나님의 아들을 믿는 믿음 안에서 사는 것이라(갈 2:20).

바울은 더 나아가 이렇게 말한다.

> 그러나 내게는 우리 주 예수 그리스도의 십자가 외에 결코 자랑할 것이 없으니 그리스도로 말미암아 세상이 나를 대하여 십자가에 못 박히고 내가 또한 세상을 대하여 그러하니라(갈 6:14).

이것이 자신을 위해 사는 삶이 아닌 하나님을 위해 사는 헌신된 삶이다. 또한 만족하는 삶이며, 옛 자아를 버리는 삶이다. 이러한 삶은 자기 자신을 우리에게 주신 그리스도의 형상을 닮아가는 것이다. 이것이 바로 빌립보서가 전하는 삶의 기쁨이다.

생각해 볼 문제들

1. 자신의 자아와 자존감을 위해 살아가는 당신의 삶에 대하여 세상의 철학은 무엇이라고 말합니까? 왜 세상의 철학은 세상이 필요로하는 만족으로 사람들을 이끌지 못합니까?

2. 이 장에서 묘사된 성도의 삶은 복음에 헌신된 삶의 필수적인 모습입니까? 성도의 삶이 자기 자아를 죽이고 하나님과 다른 사람들을 겸손히 섬기기 위해 복음과 긴밀하게 연합해야 하는 이유는 무엇입니까?

3. 당신은 다른 성도들과 화목한 상태에서 누리는 자신의 내적인 평안에 대해 생각해 본 적이 있습니까? 혹시 당신이 화해해야 할 사람은 없습니까? 지금까지 배운 것을 토대로 계획을 세워 봅시다.

4. 하나님 안에서 기쁨을 누리는 것과 자기 자아를 죽이는 것은 서로 어떤 관계가 있습니까? 하나님 안에서 기쁨을 누리는 것은 우리로 하여금 어떻게 우리 자신을 부인하도록 만듭니까? 그리고 자기 자신을 부인하는 것이 어떻게 하나님 안에서 더 큰 기쁨을 누리게 합니까?

5. 이기심 없는 섬김을 통해 바울이 빌립보서에 기록한 만족과 기쁨을 당신의 삶 속에서 누린 적이 있습니까? 이기심 없는 섬김을 어떻게 하면 단회적인 이벤트가 아닌 지속적인 삶의 자세로 만들 수 있습니까?

결론

만족하는 경건의 부유함

브레이즈 파스칼(Braise Pascal)은 "행복은 우리 자신이나 외적인 요소들에서 찾을 수 있는 것이 아니라 하나님 그리고 그분과 연합되어진 우리 안에서만 찾을 수 있다"[1]고 말했다. 파스칼의 말은 성경이 가르치는 만족을 간단히 요약한 것이다. 인간은 하나님을 찾기에 갈급한 자로 지음을 받았다. 그리고 인간의 이 갈급한 목마름은 오직 하나님만이 해결하실 수 있다.

자신의 사랑하는 친구이자 동역자인 디모데에게 전하는 바울의 교훈을 들어 보자.

그러나 자족하는 마음이 있으면 경건은 큰 이익이 되느니라

---

1 브레이즈 파스칼, *Pensees*, 1660.

우리가 세상에 아무 것도 가지고 온 것이 없으매 또한 아무 것도 가지고 가지 못하리니 우리가 먹을 것과 입을 것이 있은즉 족한 줄로 알 것이니라(딤전 6:6-8).

만족하는 경건은 큰 유익이며, 성도들이 반드시 추구해야 하는 영적 부유함이다. 그러나 세상적 부유함을 추구할 때는 만족에 이를 수 없다. 이유는 이 땅의 삶 가운에서는 완전에 이르는 거룩함을 얻을 수 없기 때문이다. 성도는 이제 단지 믿음으로가 아닌 자신의 눈으로 직접 하나님의 영광을 보고 싶어 한다. 이는 세상의 그 어떤 것과도 비교할 수 없는 영광이기 때문이다.

바울은 디모데전서 6장에서 편지를 통해 계속해서 언급해 온 거짓 교사들에 대한 주제로 돌아간다. 거짓 교사들은 교리와 실천, 두 가지 모두를 하나님의 권위에 순종하는 데 실패하므로 평안과 만족을 누리지 못하는 사람들이다. 바울은 1장에서 그들은 "선한 양심과 거짓 없는 믿음"에서 돌아선 자들이라고 한다(딤전 1:5). 그들은 "과장하여 속이는" 자들이며(딤전 6:4) 하나님의 말씀을 거역하고 인간의 가르침을 주장하는 자들이다. 성경에서 교만한 자는 옳다고 여김을 받지 못한다. 교만한 자는 하나님의 뜻이 아닌 자신의 생각과 길이 옳다고 여기는 자이다. 그러나 만족은 오로지 하나님의 진리와 법에 순종하는 겸손한 사람을 위한 것이다.

거짓 교사들은 잘못된 사상과 윤리뿐만 아니라 잘못된 목적을 가지고 있다. 그들은 "경건을 유익의 수단"으로 삼는 자들이다. 여기서 경건은 거룩함 또는 거룩한 모양을 의미한다. 거짓 교사들은 엄격한 금욕주의적인 사상을 가지며(딤전 4:1-5) 하나님이 선하게 만드신 것들을 스스로 거절하고(딤전 4:4) 사람에게 기쁨을 주는 자들이다(딤전 6:17). 바울이 골로새 교인들에게 말한 것과 같이 먹는 것과 마시는 것과 지혜 있는 모양의 몸에 관한 엄격한 가르침은 부패한 마음을 억제하는 데에 조금의 유익도 없다(골 2:23). 거짓된 자기부인을 가르치는 거짓 교사들은 정작 자신들의 이익을 추구하다가 탐욕스러운 모습을 드러내게 된다. 그들은 집요한 설득과 뛰어난 경건의 모양으로 성도들을 유혹하며 바울의 사역을 지원하는 사람들을 혼란스럽게 만들었다.

안타깝게도 오늘날 교회의 많은 사람이 이와 같은 거짓 교사들의 가르침에 빠지고 있다. 거짓 교사들은 자신의 엄격한 생활과 일상의 많은 유익들을 스스로 거절하는 것과 이른 아침에 일어나서 기도하며 성경을 읽는 자신의 경건의 모양을 자랑한다. 어떤 사람들은 신앙훈련을 하던 중 거짓 가르침에 미혹되어 그들의 삶을 동경하기도 한다. 그러나 그들의 의로운 경건의 겉모양 내면에는 불경건한 욕망들이 가득하다는 것을 알아야 한다. 그들의 삶에서 나타나는 열매를 통하여 우리는 그들의 불경건한 욕망을 볼 수 있다. 그들의 열매는 "교만하여 아무 것도 알지 못하고 변론과 언쟁을 좋아하"며 "다툼"이 일어나게 한다(딤전 6:4-5). 그들이 구하는 "이익"은 명예와 힘과 권력을 포함하는 부유함이다. 이러한 목적으로 경건을 추구하는 사람들은 성도의 참된 만족인 평안을 결코 누릴 수 없다.

바울은 거짓 교사들에 반대하여 "만족은 경건의 큰 이익"이라며 만족하는 경건을 말한다(딤전 6:6). 디모데전서 6:6-10은 만족을 추구하는 자에게 필요한 몇 가지 진리를 생각하게 한다.

첫째, 바울은 우리가 이 세상에서 나그네와 이방인이라는 것을 상기시킨다.

> 우리가 세상에 아무 것도 가지고 온 것이 없으매 또한 아무 것도 가지고 가지 못하리니(딤전 6:7).

우리는 단지 이 세상을 거쳐가는 사람들이다. 이 세상은 우리의 영원한 집이 아니며, 우리는 이 세상을 떠나 영원한 목적지로 가야 한다. 그리고 그곳에 우리는 아무것도 가지고 갈 수 없다.

멀리 여행을 떠나게 되면 집에서 편하게 사용하던 물건들이 없는 곳에서 어떻게 지내야하나 걱정을 하기 마련이다. 언젠가 우크라이나에서 2주 동안 교수사역을 한 적이 있다. 그곳에서 나는 겨우 돌아설 수 있는 크기의 욕실이 딸린 아주 작은 방, 평소에 내가 생활하던 환경과는 매우 다르고 열악한 곳에서 생활했다. 침대는 불편했고 음식은….

나는 종종 찬물로 샤워를 했고, 지금까지 나에게 익숙한 미국의 문화와는 전혀 다른 그들만의 방식과 문화를 경험했다. 나는 충분히 불평하며 지낼 수도 있었지만(사실 가끔은 마음속으로 불평했다), 곧 새로운 환경에 적응했다.

나의 짧았던 경험처럼 성도는 이 세상에서의 삶이 이방인과 나그네의 삶이라는 것을 항상 기억해야 한다. 우리의 욕구가 충족될 것이라는 기대를 버리고 살아가는 법을 배워야 한다. 이방인과 나그네의 마음가짐을 가지지 않는 이상 우리는 결코 만족을 누릴 수 없을 것이다.

둘째, 바울은 이 세상의 것들은 모두 헛된 것임을 상기시킨다. 바울은 "우리는 이 세상의 것을 아무것도 가져갈 수 없다"라고 말하며, 이 세상의 그 어떤 것도 궁극적으로 영적인 가치가 없다는 가르침을 준다. 이 세상의 것들은 하나님께로 가는 길을 보장해 줄 수 없다. 이 세상의 삶과 이 세상의 것들로는 경건과 만족에 결코 이를 수 없다.

헛되고 헛되며 모든 것이 헛되도다(전 1:2).

한편으로 하나님이 만드신 이 세상의 모든 것들은 선하지만, 또 한편으로 이 세상의 것들은 우리 영혼의 깊은 바람들을 만족시켜 줄 수 없는 헛된 것들이다. 인간은 하나님과의 관계 안에서 살아가도록 지음을 받았기 때문에 하나님을 아는 지식이 억누름을 당할 때조차도 그 영혼은 하나님과의 깊은 교제를 갈망한다(롬 1:21-23). 또한 경배를 하는 것이든 경배를 받는 것이든 그 어떤 피조물도 결코 하나님을 대신할 수는 없다.

"고대 항해자의 시"(The Rime of the Ancient Mariner)는 "물, 바다를 가득 채우고 있으나 마실 물은 없다네"라며 애통해 한다. 바다의 짠물은 목마른 사람의 갈증을 해소시킬 수 없다. 마찬가지로 우리를 둘러싸고 있는 물질세계 역시 영원한 상태와 영원을 바라는 우리 영혼의 갈증을 해소시킬 수 없다. 인간은 하나님의 형상으로 지음을 받았고 이 세상에 있는 것이 아닌 초월적인 것으로 목말라 한다.

복음은 전능하신 초월자이자 완벽한 인간이신 하나님이 당신의 백성과 맺고 있는 관계에서 기뻐하시는 것이다. 하나님은 우리를 당신에게로 초대하셔서 그의 선하심을 맛보고 누리기를 원하신다(시 34:8). 예수님은 목마른 자들은 누구든지 자신에게로 나아와 값없이 마시라고 말씀하셨다(요 7:37). 그에게 오는 자는 결코 주리지 않을 것이며, 그를 믿는 자는 영원히 목마르지 않을 것이다(요 6:35). 예수님은 우물가의 여인에게 이렇게 말씀하셨다.

> 이 물을 마시는 자마다 다시 목마르려니와 내가 주는 물을 마시는 자는 영원히 목마르지 아니하리니 내가 주는 물은 그 속에서 영생하도록 솟아나는 샘물이 되리라(요 4:13-14).

시편기자는 하나님의 날개 그늘 아래 피하는 자에 대하여 이렇게 말한다.

> 그들이 주의 집에 있는 살진 것으로 풍족할 것이라 주께서 주의 복락의 강물을 마시게 하시리이다(시 36:8).

시편의 이 말씀은 풍성한 먹을 것과 마실 것에 대하여 말하며 특별히 하나님과 우리의 관계를 비유적으로 나타낸 것이다.

사람들은 맛있는 음식을 통해서도 만족을 누린다. 얼마 전 가족과 함께 보낸 추수감사절은 여느 때보다 더욱 풍성했다(나의 지갑에도 큰 영향을 미쳤다). 그러나 맛있는 음식을 함께 먹고 마시는 기쁨은 삶에서 느낄 수 있는 기쁨의 일부분일 뿐이다.

나는 "바베트의 만찬"(*Babette's Feast*)이라는 영화를 좋아한다. 이 영화에서 바베트라고 하는 한 여인이 시골의 작은 마을로 이사를 가게 된다. 그녀가 이사를 간 곳은 가난하고 이웃끼리 사이가 썩 좋지 않은 마을이었다. 요리사인 바베트는 마을 사람들을 위해 만찬을 준비해야겠다는 결심을 한다. 그녀의 만찬에 참석한 사람들은 어색하고 머뭇거리며 긴장된 가운데 식사를 시작된다. 사람들은 '과연 이 음식을 먹을 수 있을까?' 하고 의심을 갖는다. 사치스러울 정도로 풍성한 음식 준비를 못 마땅히 여기면서 만찬에 참석하지 않겠다고 말하는 사람들도 생긴다. 사실 그 마을 사람들은 함께 식사하는 것을 꺼려했다. 그러나 바베트의 만찬 준비가 계속 진행되면서 사람들의 기쁨은 늘어갔고, 점차 서로의 마음속에 있던 벽이 무너지기 시작했다. 결국 만찬을 통해 의심과 경계심은 기쁨과 평화로 바뀌었다.

성경은 하나님의 사람들을 종종 다른 사람들과 함께 식사 교제를 나누는 사람으로 묘사한다. 예수님은 몇 차례나 식사와 연회에 참석하셨다. 사실, 예수님은 "먹기를 탐하고 포도주를 즐기는 사람이요 세리와 죄인의 친구로다"라는 별명이 붙으실 정도로 식사와 연회에 자주 참석하셨다(눅 7:34). 우리는 예수님 시대의 성도들의 삶을 보여주는 누가의 기록을 살펴볼 수 있다.

> 날마다 마음을 같이하여 성전에 모이기를 힘쓰고 집에서 떡을 떼며 기쁨과 순전한 마음으로 음식을 먹고(행 2:46).

예수님이 살던 그 당시 유대주의자들은 시대의 마지막에 메시아가 베푸실 아주 큰 잔치가 있을 것이라고 생각했다. 유대인들의 이러한 생각은 구약에 기록된 축제들과 종말론적인 초막절 축제에 대한 스가랴의 예언에 근거한 것이었다(슥 14:16, 18). 요한계시록 역시 마지막 날 축제에 대하여 기록한다.

> 어린양의 혼인 잔치에 청함을 받은 자들은 복이 있도다(계 19:9).

이 축제의 완성은 예수 그리스도의 삶과 지상 교회의 사역을 통하여 시작되었다.

그렇다면 어떤 면에서 함께 식사 교제를 나누는 것은 천국을 미리 맛보는 것이라 할 수 있다. 특히 성도가 모여서 함께 음식을 나누며 기쁨으로 교제하는 것은 우리가 하나님의 보좌에 둘러 앉아 먹고 마시게 될 축제의 기쁨을 미리 체험하는 것이다. 천국은 종종 축제의 장소로 묘사된다. 그래서 우리에게는 금식에 관한 신학뿐만 아니라 축제에 관한 신학도 필요하다.

새 하늘과 새 땅에서 열리는 축제 가운데서 우리가 실제로 먹고 마실 것이 아닌가? 분명히 그럴 것이다. 제자들과의 마지막 만찬에서 예수님은 그의 제자들에게 잔을 주시며 말씀하셨다.

> 내가 포도나무에서 난 것을 하나님 나라에서 새 것으로 마시는 날까지 다시 마시지 아니하리라(마 14:25).

하나님은 우리에게 예수님이 능력과 영광 가운데 다시 오실 때 그와 함께 누리게 될 기쁨을 가르쳐 주시기 위하여 음식과 음료와 같은 좋은 것들을 우리에게 주셨다.

우리는 이러한 마음으로 하나님이 우리의 삶 가운데 주신 것들을 기뻐해야 한다. 하나님이 지으신 모든 것은 선하다(딤전 4:4).

하나님은 우리가 기쁨을 누리도록 하시기 위하여 모든 것으로 풍성히 채우신다(딤전 6:17). 우리가 하나님의 영광을 위하여 먹고 마시는 한 하나님이 우리에게 주신 것들을 기뻐하는 것은 더 이상 죄가 아니다(고전 10:31). 그렇다면 우리는 어떻게 해야 하는가?

첫째, 하나님은 자신을 기뻐하는 것을 가르치시기 위하여 우리에게 음식과 음료와 같은 좋은 것들을 누리는 기쁨을 주셨다는 사실을 기억해야 한다. 우리가 좋은 음식과 음료를 먹고 마시면서 순전한 기쁨을 누릴 때마다 하나님의 영광 안에서 그리스도와 누리는 교제의 더 큰 기쁨을 생각해야 한다. 심지어 최고로 좋은 음식이 우리를 만족시키지 못할지라도, 그 음식이 우리를 또 다시 배고픔과 목마름으로 이끈다 할지라도 그럴수록 우리는 더욱더 그리스도와의 교제에서 누리는 기쁨을 생각해야 한다.

우리는 믿음을 통해서 하나님의 어린양을 볼 수 있다. 우리가 하나님의 영광을 추구할 때 당신의 말씀 안에서 자신을 처음으로 나타내신 하나님이 베푸시는 축제에 참여할 수 있다. 우리가 예배하고 또 우리와 교제를 가지시는 그 하나님이 선하신 분이라는 것을 맛보고 경험할 수 있다.

이 세상의 것들은 모두 헛된 것이다. 세상의 것들은 하나님 안에서 누리는 참된 기쁨과는 비교할 수도 없다. 그러나 이 세상의 것들은 우리가 하나님을 누리는 더 큰 기쁨으로 향하도록 우리를 도와준다.

둘째, 이 세상의 것들은 우리를 두 번째 방법, 곧 하나님의 영광을 위하여 먹고 마시는 것으로 인도한다. 즉 하나님이 우리에게 주신 것들 안에서 하나님을 기뻐하는 것이다. 만약 우리에게 모든 것을 허락하신 하나님으로 인해 기뻐하는 것이 아니라 우리 자신으로 인해 기뻐한다면, 이 세상의 좋은 것들을 누리는 우리의 기쁨은 진정한 기쁨이라고 할 수 없다.

코튼 매더(Cotton Mather)의 "하나님 안에서 누리는 만족"(Satisfaction in God)이라는 설교를 들어 보자.

"그의 모든 섭리 가운데 끊임없이 이어지는 하나님에 대한 이해는 하나님 안에서 누리는 멈출 수 없는 만족을 가져다 준다. 어떤 기쁨이든지 모든 것은 하나님이 우리에게 주신 것이다. 그 기쁨의 맛은 어디로부터 오는가? 그 달콤함은 어디에 있는가? 분명히 우리는 기쁨을 맛보게 될 것이다. 그리고 우리가 지금까지 하나님 안에서만 이 맛을 느낄 수 있었다는 것을 알게 될 것이다. 시편 37:4의 '여호와를 기뻐하라'는 말씀처럼 그를 기뻐해야 한다. 아니, 그 뿐만 아니라 만약 우리가 하나님만을 기뻐해야 한다면? 우리 스스로 우리의 기쁨들을 생각해 보자. '나는 일상의 즐거움 안에서 하나님을 본다. 그리고 이러한 기쁨들로 인해 하나님을 섬긴다.'

그리고 지금 우리의 모든 일상의 기쁨들과 가치와 사랑하는 것들은 단지 우리로 하여금 하나님을 향하도록 한다. 지금까지 우리가 맛보며 좋아하고 소중히 여기며 기뻐했던 모든 것들은 우리를 하나님께로 향하게 만든다. 하나님이 이 모든 것들을 아무 대가 없이 먹고 누리게 하셨다. 우리의 삶 그 자체를 위해서가 아니라 우리가 하나님을 **보고** 하나님을 **섬기도록** 하기 위해 이 모든 것을 허락하셨다."[2]

---

[2] 코튼 매더, "Satisfaction in God," *Fire and Ice: Puritan Reformed Writings*, http//www.puritansermons.com/reformed/mather1/htm.

매더의 설교 가운데 나타난 그의 고백은 이 세상의 것들을 향한 무절제한 우리의 욕망에 경고의 메시지를 던진다. 바울은 이러한 욕심이 위험하다는 것을 우리에게 알린다(딤전 6:9-10). 하나님이 우리가 기쁨을 누리도록 좋은 것을 주시는 동안 우리는 하나님께서 주신 것 자체를 즐거워하는 것이 아니라 그 모든 것을 주신 하나님을 기뻐해야 한다. 성도는 자신의 삶에 있어서 자기 자신을 부인하는 거룩한 자세가 반드시 필요하다는 것을 기억해야 한다. 예수님은 이렇게 말씀하셨다.

> 아무든지 나를 따라오려거든 자기를 부인하고 날마다 제 십자가를 지고 나를 따를 것이니라(눅 9:23).

예수님이 하나님의 좋은 것들을 누리는 자의 모범이시라면 예수님은 또한 우리에게 "자기부인"의 모범이 되신다. 예수님은 자신에게 있는 어떤 능력으로도 자신을 하나님과 같이 생각지 않으시고 오히려 자신을 낮추셨다. 그는 멸시받고 조롱당하는 자가 되셨고, 하나님과 같이 예배를 받으시고 높임을 받는 존귀한 존재가 되시길 버리셨다. 예수님의 선택은 죽음 이외에 아무것도 없었다. 그러므로 성도 또한 반드시 자신을 부인하며 자신의 십자가를 져야 한다.

예수님은 이 땅에 사시는 동안 가장 만족하는 사람이셨다. 마찬가지로 제러마이어 버로스는 이렇게 말했다.

"자신을 부인하는 자만큼 큰 만족을 누린 사람은 여자든 남자든 아무도 없었다…만족하지 못하는 영혼은 더 이상 평안이 없으므로 근심할 수밖에 없지만 자기를 부인하는 사람은 오히려 자신이 가지고 있는 것에 놀라게 된다."[3]

자기부인은 엄격한 금욕생활을 말하는 것이 아니다. 자기부인은 자신이 아닌 예수님을 따르는 것이다. 우리는 먼저 그의 나라와 그의 의를 구해야 한다. 더 이상 세상의 것을 좇아서는 안 된다. 그럼에도 불구하고 우리는 세상의 것들로 기뻐할 수 있으며, 이 세상의 것들로 기뻐하는 것이 하나님이 우리에게 주신 선물이라는 것을 알아야 한다. 우리는 세상의 모든 것을 하나님 안에서 기뻐하며 누릴 수 있다. 이런 기쁨은 우리로 하여금 하나님을 누리는 더 큰 기쁨으로 향하게 한다. 기쁨과 만족은 오직 하나님을 기뻐하는 평안 가운데서 온다.

세상의 마지막 때에 이는 그리스도인의 만족의 핵심이 된다. 하나님을 기뻐하고 그분 안에서 기쁨을 찾는 것이야 말로 참된 기쁨이요 평안이다.

마찬가지로 하나님을 기뻐하는 가운데 누리는 참된 기쁨과 만족은 경건의 핵심이 된다. 궁극적으로 경건은 믿음으로 예수 그리스도 안에서 하나님이 나타내시는 영광과 그 영광 안에서 기뻐하고 쉼을 누리는 것이다. 경건한 마음은 하나님을 향하고 그분으로 인해 즐거워 하는 마음이며 세상의 그 무엇과도 비교할 수 없는 영광이다.

---

[3] 제러마이어 버로스, 『만족: 그리스도인의 귀한 보물』, 89-90.

만족하는 경건은 성도의 큰 유익이다. 이를 얻기 위해서 우리에게는 오직 한 분만 있으면 된다.

생각해 볼 문제들

1. 바울의 "만족하는 경건"이 무엇을 의미하는지 당신의 표현으로 말해 봅시다. 경건과 만족은 아주 밀접한 관계를 가지고 있다는 사실이 주는 실천적인 의미는 무엇입니까? "경건을 추구하는 것은 만족을 추구하는 것을 의미하며, 만족을 추구하는 것은 경건을 추구하는 것을 의미한다"는 말이 옳다고 생각합니까? 만약 그렇다면 혹은 그렇지 않다면 그 이유는 무엇입니까?

2. 우리를 이 세상의 나그네와 이방인이라고 말하는 성경의 진리는 어떻게 우리로 하여금 만족을 추구하도록 합니까?

3. 성경은 하나님께서 우리의 기쁨을 위하여 모든 것을 창조하셨다고 말합니다(딤전 6:17). 그러나 다른 한편 우리는 이 세상의 것들이 헛되다는 것을 알도록 부름을 받았고 자기를 부인하며 살도록 부름을 받았습니다. 우리는 어떻게 이 두 가지 사실을 조화시킬 수 있습니까?

4. 이 세상 사는 동안 하나님께서 주시는 좋은 선물들을 통해서 우리는 어떻게 만족을 추구해야 합니까?

5. 하나님을 보고 맛보는 우리 삶의 자세를 향상시킬 수 있는 실천적인 방법들을 생각해 봅시다.

만족의 비결 The Secret of Contentment

2012년 6월 25일 초판 발행

지은이 | 윌리엄 B. 버클레이
옮긴이 | 강성택

펴낸곳 | 개혁주의신학사
등록 | 제21-173호(1990. 7. 2)
주소 | 서울시 서초구 방배동 983-2
전화 | 02) 588-8546(본사) 031) 923-8762~3(영업부)
팩스 | 02) 597-1642(본사) 031) 923-8761(영업부)
홈페이지 | www.clcbook.com
이메일 | prpkor@gmail.com
온라인 | 기업은행 073-073466-01-010
　　　　예금주: 개혁주의신학사

ISBN 978-89-7138-016-1(03230)
* 낙장·파본은 교환해 드립니다.

총판 | 사) 기독교문서선교회 clckor@gmail.com